ABSUELTOS POR LA SOLIDARIDAD
ABSOLVED BY SOLIDARITY

ANTONIO GUERRERO

GUERRE 14

ABSOLVED BY SOLIDARITY

16 watercolors for 16 years of
unjust imprisonment of the Cuban Five

ABSUELTOS POR LA SOLIDARIDAD

16 acuarelas por 16 años de
injusta prisión de los Cinco Cubanos

Pathfinder
NEW YORK   LONDON   MONTREAL   SYDNEY

Watercolors by Antonio Guerrero

Edited by Mary-Alice Waters

Preparation of Spanish text by Martín Koppel

Copyright © 2015 by Pathfinder Press
All rights reserved

ISBN 978-1-60488-072-4
Library of Congress Number 2014956575
Manufactured in Canada

Cover and page design: Toni Gorton

Cover: *The Jury's Verdict* by Antonio Guerrero

Back cover photo: The Cuban Five at Havana concert, December 20, 2014, celebrating return of Hernández, Guerrero, and Labañino. (*Ramón Espinosa/AP*)

Acuarelas de Antonio Guerrero

Editado por Mary-Alice Waters

Texto en español a cargo de Martín Koppel

Copyright © 2015 por Pathfinder Press
Todos los derechos reservados conforme a la ley

ISBN 978-1-60488-072-4
Número de Control de la Biblioteca del Congreso 2014956575
Impreso en Canadá

Diseño de la portada y de las páginas: Toni Gorton

Portada: *La decisión del jurado* de Antonio Guerrero

Foto de contraportada: Los Cinco Cubanos en concierto en La Habana, 20 de diciembre de 2014, donde se celebró el regreso de Hernández, Guerrero y Labañino. (*Ramón Espinosa/AP*)

PATHFINDER
WWW.PATHFINDERPRESS.COM
PATHFINDER@PATHFINDERPRESS.COM

FROM LEFT/DE LA IZQUIERDA:
Fernando González,
Ramón Labañino, Gerardo
Hernández, Antonio
Guerrero, René González.

Havana, December 17, 2014.

La Habana, 17 de diciembre
de 2014.

The jury of millions has spoken! The Cuban Five are free!

On December 17, 2014, more than sixteen years after the battle began, Cuban president Raúl Castro informed the world that Gerardo Hernández, Ramón Labañino, and Antonio Guerrero were home. They join René González and Fernando González on Cuban soil.

Across the island Cubans poured into the streets from factories, schools, and offices expressing their joy. Supporters around the world joined in celebration.

Gerardo Hernández gave voice to the sentiments of each of the Five when he told a national television audience in Cuba, "We've turned the page on the pain and abuses of prison. We're on a new page now," ready for new battles. "You can count on us for whatever is needed," he told President Castro, who welcomed them.

Above all, it was the firmness, dignity, courage, and discipline of the Five that

¡El jurado de millones se ha pronunciado! ¡Libres los Cinco Cubanos!

El 17 de diciembre de 2014, más de 16 años después de que comenzó la batalla, el presidente cubano Raúl Castro informó al mundo que Gerardo Hernández, Ramón Labañino y Antonio Guerrero habían regresado a su país. Se suman a René González y Fernando González en suelo cubano.

Por toda la isla los cubanos salieron a la calle —de fábricas, escuelas y oficinas— expresando su júbilo. Sus partidarios en todo el mundo se sumaron a la celebración.

Gerardo Hernández expresó los sentimientos de cada uno de los Cinco cuando dijo ante una audiencia televisiva nacional en Cuba, "Pasamos la página de los sufrimientos y abusos en la cárcel. Esta es una nueva página" y estamos listos para nuevas batallas. "Puede contar con nosotros para lo que sea", dijo al presidente Raúl Castro, quien los recibió.

Ante todo fue la firmeza, la dignidad, la

made possible the hard-fought victory won by the people of Cuba, their government, and a "jury of millions" around the world.

As Washington moves toward establishing diplomatic relations with Cuba for the first time in more than half a century, a new front has now opened in the decades-long battle to defend Cuban independence and sovereignty. Raúl Castro explained it unflinchingly in his message to the Cuban people: "In no way has the heart of the matter been solved. The economic, commercial, and financial blockade, which causes enormous human and economic damages to our country, must cease." The battle to advance and defend Cuba's socialist revolution continues as it has since January 1, 1959.

Absolved by Solidarity was on its way to press the day its principal author and artist was freed from prison. The printing was postponed long enough to record that victory on the cover and add these few words and photographs. Publication of this powerful portrait of sixteen years of struggle could not be more timely. In its pages you will find not a backward glance at the "pain and abuses of prison." You will find the dignity, strength, and humanity of the Cuban Revolution and the five unbowed soldiers who have become the face of that revolution the world over.

Absolved by Solidarity, indeed. As promised by Fidel, they have returned.

Mary-Alice Waters
December 20, 2014

valentía y la disciplina de los Cinco lo que hizo posible esta victoria, lograda tras grandes esfuerzos por el pueblo de Cuba, su gobierno y un "jurado de millones" por todo el mundo.

En tanto Washington avanza hacia relaciones diplomáticas con Cuba por primera vez en más de medio siglo, ahora se ha abierto un nuevo frente en la batalla librada desde hace décadas para defender la independencia y soberanía de Cuba. Raúl Castro lo explicó sin vacilar en su mensaje al pueblo cubano: "Esto no quiere decir que lo principal se haya resuelto. El bloqueo económico, comercial y financiero, que provoca enormes daños humanos y económicos a nuestro país, debe cesar". La batalla para impulsar y defender la revolución socialista de Cuba continúa como lo ha hecho desde el 1 de enero de 1959.

Absueltos por la solidaridad iba en camino a la imprenta el día que su principal autor y creador fue excarcelado. La impresión se pospuso el tiempo suficiente para poder hacer constancia de esa victoria en la portada y agregar estas pocas palabras y fotografías. La publicación de este retrato impactante de 16 años de lucha no podía ser más oportuna. En sus páginas no encontrarán una mirada atrás a "los sufrimientos y abusos en la cárcel". Más bien encontrarán la dignidad, la fortaleza y la humanidad de la Revolución Cubana y de los cinco soldados indoblegables que se han convertido en el rostro de esa revolución en todo el mundo.

Absueltos por la solidaridad: así fue. Como prometió Fidel, volvieron.

Mary-Alice Waters
20 de diciembre de 2014

THE ARRIVAL • LA LLEGADA
December 17, 2014 • 17 de diciembre de 2014

(1) Gerardo Hernández, Ramón Labañino, Antonio Guerrero, presidente Raúl Castro.

(2) Hernández arrives. Hernández llega.

(3) Antonio Guerrero, Ramón Labañino, Fernando González.

(4) René González, Gerardo Hernández.

CELEBRATION!

(1) Santiago de Cuba. (2) Havana. (3) Five Cuban heroes with families and President Raúl Castro (in uniform). (4) Guerrero with Raúl Castro, son Tonito, and mother Mirta. (5) Hernández with wife Adriana Pérez. (6) Labañino with wife Elizabeth Palmeiro and daughter Ailí. (7) Holguín. (8) Camagüey. (9) Santa Clara. (10) Havana.

¡CELEBRACIÓN!

(1) Santiago de Cuba. **(2)** La Habana. **(3)** Los cinco héroes cubanos, sus familias y el presidente Raúl Castro (en uniforme). **(4)** Guerrero con Raúl Castro, hijo Tonito y madre Mirta. **(5)** Hernández con esposa Adriana Pérez. **(6)** Labañino con esposa Elizabeth Palmeiro e hija Ailí. **(7)** Holguín. **(8)** Camagüey. **(9)** Santa Clara. **(10)** La Habana.

PHOTOS
PAGES 5 AND 7: ESTUDIOS REVOLUCIÓN.
PAGES 8 AND 9: **(1)** ROVIER MESA/UNIVERSIDAD DE ORIENTE,
(3-6) ESTUDIOS REVOLUCIÓN, **(7)** LISANDRA CARDOSO/RADIO ANGULO,
(8) RODOLFO BLANCO/AIN, **(9)** ARELYS MARÍA ECHEVARRÍA/AIN,
(10) ROBERTO MOREJÓN/AIN.

FOTOS
PÁGINAS 5 Y 7: ESTUDIOS REVOLUCIÓN.
PÁGINAS 8 Y 9: **(1)** ROVIER MESA/UNIVERSIDAD DE ORIENTE,
(3-6) ESTUDIOS REVOLUCIÓN, **(7)** LISANDRA CARDOSO/RADIO ANGULO,
(8) RODOLFO BLANCO/AIN, **(9)** ARELYS MARÍA ECHEVARRÍA/AIN,
(10) ROBERTO MOREJÓN/AIN.

Tabla de materias

Contents

Las acuarelas

The watercolors

"In that courtroom we won an immeasurable victory. With the dignity learned from our people, the five of us defended truth against colossal injustice. We never felt defeated. We knew we would be acquitted by the honest men and women of the world, who have today become a growing wave of solidarity that won't break until it carries us home."

Antonio Guerrero

"En aquella corte logramos una victoria incalculable. Los cinco defendimos, con la dignidad que aprendimos de nuestro pueblo, la verdad ante la colosal injusticia. Jamás nos sentimos derrotados. Sabíamos que seríamos absueltos por los hombres y mujeres honestos del mundo, convertidos hoy en una incesante ola de solidaridad que no se detendrá hasta llevarnos de regreso a nuestros hogares".

Antonio Guerrero

ANTONIO GUERRERO

En aquel recinto logramos una victoria incalculable

No recuerdo el momento exacto en que me surgió la idea de realizar 16 acuarelas por los 16 años de injusta prisión que cumplimos en este 2014. Sí sé que fue hace varios meses que tomé la decisión de que las obras trataran el tema de nuestro amañado juicio en la ciudad de Miami. Este proyecto estaba motivado por las 15 acuarelas que había realizado en 2013, que pretendieron narrar la terrible historia de los 17 meses en celdas de castigo. Es, en esencia, una continuidad de esa narración.

En medio de algunas "tareítas" vi que llegó agosto sin poder comenzar la primera obra. El día 3 me dije: Lo intentaré.

Conocía de las importantes

In that courtroom we won an immeasurable victory

I don't recall the exact moment the idea came to me to do sixteen watercolors for the sixteen years of unjust imprisonment we served as of September 2014. I do know I decided several months ago that the paintings would focus on our frame-up trial in Miami. This project grew out of the fifteen watercolors I did in 2013, which sought to tell the horrendous story of our seventeen months in punishment cells. In essence, this is a continuation of that story.

While taking care of all sorts of "little tasks," I realized it was already August and I hadn't even started my first painting. So on August 3 I said to myself, I'll give it a go.

I knew that between September 4

actividades que se planificaban realizar en nuestra patria, Cuba, y en muchos otros lugares en el marco de una nueva jornada de lucha por nuestra libertad, entre el 4 de septiembre y el 6 de octubre, y quería brindar algún aporte.

El 11 de agosto había podido terminar 11 obras. El día 19 ya estaba enviando las 5 restantes. En resumen, 16 acuarelas en 16 días. Así fue el ritmo de trabajo, sin un respiro, trabajando todo el tiempo que me permitían las condiciones de aquí.

Contar el juicio a través de 16 imágenes es imposible. Haría falta hacer muchas, pero muchas más obras, y aun así aparecerían detalles importantes por abordar sobre esos casi siete meses asistiendo a una sala de la corte de Miami, donde desde el primer día sabíamos que no podíamos recibir un juicio imparcial.

Pero en aquel recinto logramos una victoria incalculable: denunciar en su propia guarida el terrorismo contra nuestro pueblo.

Cada obra la acompaña un texto. Habrá algunos documentos que evidencien el hecho que queremos narrar. Esperamos sirva este trabajo para que de alguna manera se conozcan detalles de aquellos días en que los cinco defendimos, con la dignidad que

and October 6, important events were being planned in our country, Cuba, and many other places as part of a new round of activities on behalf of our freedom, and I wanted to contribute.

By August 11 I had finished eleven paintings. By August 19 I was sending the other five—in short, sixteen watercolors in sixteen days. Such was the pace, working nonstop, using every minute I could given the conditions here.

Telling the story of the trial in sixteen images is impossible. That would take many, many more paintings. Even then there would be important details of our nearly seven months in a Miami courtroom to take up. From the first day we knew we couldn't get a fair trial there.

But in that courtroom we won an immeasurable victory: in their own den, we denounced terrorism against our people.

Each picture is accompanied by text. There will be a few documents supporting the facts we want to convey. We hope this work will serve in some way to provide a picture of those days when, with the dignity we learned from our people, the five of us defended truth against colossal injustice.

We never felt defeated. We knew we would be acquitted by the honest men

aprendimos de nuestro pueblo, la verdad ante la colosal injusticia.

Jamás nos sentimos derrotados. Sabíamos que seríamos absueltos por los hombres y mujeres honestos del mundo, convertidos hoy en una incesante ola de solidaridad que no se detendrá hasta llevarnos de regreso a nuestros hogares.

Institución Correccional Federal
Marianna, Florida
29 de agosto de 2014

and women of the world, who have today become a growing wave of solidarity that won't break until it carries us home.

Federal Correctional Institution
Marianna, Florida
August 29, 2014

RAMÓN LABAÑINO

La verdad que no se encierra en el 'hueco'

Esta nueva obra de nuestro querido Tony nos recuerda, con sus trazos y sus colores simples, lo profundamente doloroso y cruel de una injusticia vivida mas allá de los muros de la cárcel federal de Miami.

Nosotros que vivimos esos momentos juntos, que sabemos bien lo que significa cada una de estas 16 acuarelas, no dejamos de impresionarnos ante sus imágenes al recoger "instantes de una primavera" en que el honor de los hombres probó, una vez más, que más vale luchar y morir de pie antes que vivir de rodillas.

El arte al servicio de la justicia como arma de combate para decir y desenmascarar la verdad que no se encierra ni se aísla en "huecos". La dignidad que vale más que todo el oro del mundo. Esos son los mensajes más nítidos que nos ofrece nuestro hermano en cada una de sus pinturas.

Sirva esta entrega también para enviar, una vez más, el abrazo de los Cinco con toda la gratitud de nuestras almas por la solidaridad y el amor de nuestros pueblos.

¡Venceremos!

¡Cinco abrazos fuertes!

Institución Correccional Federal
Ashland, Kentucky
6 de noviembre de 2014

RAMÓN LABAÑINO

The truth that cannot be locked in the 'hole'

These new paintings by our brother Tony remind us, with their simple strokes and colors, of the cruel, deeply painful injustice we experienced outside the walls of the Miami federal prison.

We who lived through those moments together know exactly what each of the sixteen watercolors represents. We never fail to be struck by their depictions of those "moments of spring" when the honor of principled men proved once again that it's better to fight and die on your feet than to live on your knees.

Art in the service of justice. Art as a weapon to expose and speak the truth that cannot be locked away or isolated in the "hole." Dignity that is worth more than all the gold in the world. Those are the clearest messages our brother offers us in each of his paintings.

Once again the Five send our embrace to express our heartfelt gratitude for the solidarity and the love of people everywhere.

Venceremos! We will win!

Five strong embraces!

Federal Correctional Institution
Ashland, Kentucky
November 6, 2014

LOS CINCO CUBANOS: QUIÉNES SON

MARY-ALICE WATERS

El arte al servicio de la justicia como arma de combate para decir y desenmascarar la verdad que no se encierra ni se aísla en "huecos". La dignidad que vale más que todo el oro del mundo.

Esos son los mensajes más nítidos que nos ofrece nuestro hermano Tony en cada una de sus pinturas.

*Ramón Labañino
FCI Ashland, Kentucky
6 de noviembre de 2014*

Absueltos por la solidaridad es el segundo conjunto de acuarelas de Antonio Guerrero que transmite con orgullo la fuerza, integridad y creatividad de cinco seres humanos —Gerardo Hernández, Ramón Labañino, Antonio Guerrero, Fernando González y René González— conocidos hoy día en todo el mundo como los Cinco Cubanos.

Estas pinturas no son obra de un artista profesional de muchos años. Instruido por otros presos, Guerrero se enseñó a dibujar y pintar después de que fue recluido en 2002 en la penitenciaría federal

THE CUBAN FIVE: WHO THEY ARE

MARY-ALICE WATERS

Art in the service of justice. Art as a weapon to expose and speak the truth that cannot be locked away in the "hole." Dignity that is worth more than all the gold in the world.

Those are the clearest messages our brother Tony offers us in each of his paintings.

*Ramón Labañino
FCI Ashland, Kentucky
November 6, 2014*

Absolved by Solidarity is the second set of watercolors by Antonio Guerrero proudly conveying the strength, integrity, and creativity of five human beings—Gerardo Hernández, Ramón Labañino, Antonio Guerrero, Fernando González and René González—today known throughout the world as the Cuban Five.

These paintings are not the work of a longtime professional artist. Tutored by fellow inmates, Guerrero taught himself to draw and paint after he was incarcerated at the US

GERARDO HERNÁNDEZ

RAMÓN LABAÑINO

ANTONIO GUERRERO

FERNANDO GONZÁLEZ

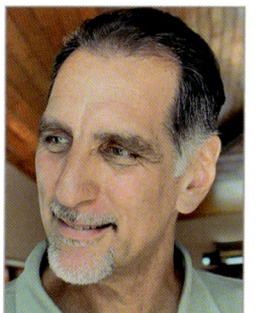

RENÉ GONZÁLEZ

de Florence, Colorado, sentenciado a cadena perpetua sin posibilidad de libertad condicional. Durante estos 16 años entre rejas, sus poderes expresivos a través del arte han crecido a la par de su fortaleza política.

Guerrero completó en 2013 el primer conjunto de acuarelas en esta serie, *Yo me muero como viví*. Titulada "15 acuarelas en el 15 aniversario del encarcelamiento de los Cinco Cubanos", esa obra representa, y transforma en arte, las condiciones que los Cinco enfrentaron en el Centro Federal de Detención en Miami durante sus primeros 17 meses de prisión. Fueron meses de encierro en celdas de castigo, aislados de la población penal general y, al principio, uno del otro: el "hueco".

Ante todo, estas obras expresan la entereza, dignidad, valentía, veracidad, disciplina —y el sentido de humor— con que cada uno de los cinco héroes del pueblo cubano se defendió y defendió la revolución que ellos representan, cuando las autoridades norteamericanas los estaban sometiendo a las condiciones más severas antes del juicio con la esperanza de que se volvieran traidores a sí mismos y a sus compañeros. Al negarse a "cooperar" con agentes del estado que los mantenía como rehenes; al rehusar declararse culpables a cambio de una sentencia menor; al negarse a renunciar a su derecho a un juicio y a la presunción de inocencia: en todos estos frentes, los Cinco asumieron la ventaja moral en respuesta a sus acusadores.

"La idea de traicionar nunca me pasó

Penitentiary in Florence, Colorado, in 2002, sentenced to life without parole. During sixteen years behind bars, his powers of expression through art have grown in tandem with his political strength.

Guerrero's first set of watercolors in this series, *I Will Die the Way I've Lived*, was completed in 2013. Entitled "Fifteen watercolors for the fifteenth anniversary of the imprisonment of the Cuban Five," that work portrays, and transforms into art, the conditions the Five confronted at the Miami Federal Detention Center during their first seventeen months of imprisonment. Those were months when they were confined to punishment cells isolated from the general inmate population, and initially from each other as well—the "hole."

Above all, the paintings convey the integrity, dignity, courage, truthfulness, self-discipline—and humor—with which each of the five heroes of the Cuban people defended themselves and the revolution they represent, as US authorities subjected them to the harshest pretrial conditions hoping to make them turn traitor to themselves and their comrades. Refusing to "cooperate" with agents of the state that held them hostage; refusing to cop a plea in return for a lesser sentence; refusing to renounce their right to a trial and the presumption of innocence—on all these fronts the Five took the moral high ground in response to their accusers.

"Betraying never crossed my mind,"

por la mente", dice Gerardo Hernández al cineasta Saul Landau en una entrevista que aparece aquí. "Es tan obvio que hasta me cuesta trabajo explicarlo. Sería traicionar no solo a mí mismo como persona, como revolucionario, sino traicionar a un país completo".

Absueltos por la solidaridad, el título que Guerrero le ha dado a este conjunto de obras, es a su vez un eco del famoso alegato de autodefensa que el dirigente cubano Fidel Castro pronunció en 1953, "La historia me absolverá". Ese discurso, que después se imprimió clandestinamente y se pasó de mano en mano en decenas de miles de ejemplares por toda Cuba, presentó sistemáticamente las metas y la ética proletarias de lo que llegó a ser el programa de fundación del movimiento que culminó con el triunfo revolucionario de 1959. Esa insurrección popular de masas derrocó a la dictadura de Fulgencio Batista, que era apoyada por Washington, y abrió la

GRANMA

Fernando González y René González en el estreno en abril de 2014 de una instalación artística de Kcho (Alexis Leyva Machado, derecha) en el Museo Nacional de Bellas Artes en La Habana. Inspirado por las acuarelas de Guerrero *Yo me muero como viví*, Kcho creó una réplica verosímil del "hueco", las celdas de castigo en el Centro Federal de Detención en Miami.

Fernando González and René González at April 2014 opening of art installation created by Kcho (Alexis Leyva Machado), to right, at the National Museum of Fine Arts in Havana. Inspired by Guerrero's paintings *I Will Die the Way I've Lived*, Kcho created a true-to-life replica of the "hole," the punishment cells at the Federal Detention Center in Miami.

Gerardo Hernández tells filmmaker Saul Landau in an interview included here. "It's so obvious that it's difficult for me to explain. Not only would it mean betraying myself as a person, as a revolutionary, but betraying an entire country."

Absolved by Solidarity, the title Guerrero has given this set of paintings, itself echoes the famous 1953 courtroom defense delivered by Cuban leader Fidel Castro, "History Will Absolve Me." Later printed clandestinely and passed from hand to hand across Cuba in the tens of thousands

puerta a una revolución socialista victoriosa en un país que las clases dominantes norteamericanas consideraban su territorio exclusivo.

El primer conjunto de acuarelas de Guerrero hoy está expuesto en el Museo de Bellas Artes en La Habana, parte de una instalación creada por el artista cubano Kcho (Alexis Leyva Machado), de renombre mundial, en torno a una réplica verosímil de las celdas de castigo representadas en las obras de Guerrero.

Este segundo conjunto, titulado "16 acuarelas por 16 años de injusta prisión", continúa el relato, como dice Guerrero. Se enfoca en el juicio amañado en una corte federal de Miami que terminó —como no era de extrañar— con la condena sumaria de los Cinco por todos los cargos que presentó el gobierno norteamericano. Cada uno recibió la máxima sentencia por cada cargo.

Con ingenio y perspicacia, *Absueltos por la solidaridad* hace volar en pedazos la opacidad de la "justicia" capitalista, permitiéndonos ver las operaciones normales de las cortes y las cárceles de Estados Unidos, el país con el mayor índice de encarcelamiento en el mundo. Al igual que las obras anteriores, estas nuevas acuarelas ponen de relieve el opresivo sistema basado

ANTONIO GUERRERO: THE AIR VENT/LA REJILLA DE VENTILACIÓN (2013)

of copies, Castro's speech systematically presented the proletarian goals and ethics of what became the founding program of the movement that culminated in the revolutionary triumph of 1959. That mass popular insurrection overthrew the US-backed dictatorship of Fulgencio Batista and opened the door to a victorious socialist revolution in what the US ruling families considered solely their own domain.

Today Guerrero's first set of watercolors hangs in the Museum of Fine Arts in Havana, part of an installation created by world-renowned Cuban artist Kcho (Alexis Leyva Machado), built around a true-to-life replica of the punishment cells depicted in Guerrero's paintings.

This second set, entitled "Sixteen watercolors for sixteen years of unjust imprisonment," continues the story, as Guerrero says. It focuses on the frame-up trial in a Miami federal court that ended—unsurprisingly—with the summary conviction of the Five on every single charge brought by the US government. Each was given the maximum sentence on every count.

With insight and wit *Absolved by Solidarity* blasts through the opaqueness

en clases que millones de personas entre el pueblo trabajador estadounidense conocen tan bien por sus propias vivencias.

Lo que es aún más importante, las pinturas nos muestran las expresiones de respeto y solidaridad que los Cinco han recibido de cientos, acaso miles, de trabajadores con quienes han compartido las alevosas brutalidades e indignidades del sistema carcelario federal de Estados Unidos de América.

❧

¿Quiénes son los Cinco Cubanos?

Gerardo Hernández, Ramón Labañino, Antonio Guerrero, Fernando González y René González estaban viviendo y trabajando en el sur de Florida cuando, en septiembre de 1998, fueron arrestados por el FBI en redadas coordinadas en horas de la madrugada.

¿Cuáles eran sus supuestas actividades criminales?

Estaban recogiendo información para el gobierno cubano sobre las acciones y los planes de organizaciones cubanas contrarrevolucionarias, incluidos grupos paramilitares asesinos que actuaban impunemente en suelo estadounidense. Estos grupos y los individuos afiliados a ellos cuentan con un expediente de más de medio siglo de llevar a cabo ataques dinamiteros, asesinatos y otros ataques contra partidarios de la Revolución Cubana, no solo en Cuba sino en Estados Unidos,

of capitalist "justice," allowing us to see the normal workings of the courts and prisons of the United States, the country with the highest incarceration rate in the world. Like the earlier paintings, these new watercolors shine a spotlight on the oppressive class-based system so many millions of US working people, from their own life experience, know all too well.

Even more important, the paintings show us the expressions of respect and solidarity the Five have received from hundreds, indeed thousands, of working people with whom they have shared the calculated brutalities and indignities of the federal prison system of the United States of America.

❧

Who are the Cuban Five?

Gerardo Hernández, Ramón Labañino, Antonio Guerrero, Fernando González, and René González were living and working in southern Florida in September 1998 when each of them was arrested in coordinated predawn raids by the FBI.

What were their allegedly criminal activities?

On behalf of the Cuban government they were gathering information on the actions and plans of counterrevolutionary Cuban organizations, including murderous paramilitary outfits that operated with impunity on US soil. These groups and the individuals who belong to them have

Puerto Rico y otros países.

Desde 1959, cuando la lucha revolucionaria de masas del pueblo trabajador cubano puso fin a la dominación económica y política de Washington en su país, casi 3 500 hombres, mujeres y niños en Cuba han muerto en estos ataques, que en su mayoría se originaron en Estados Unidos. La misión de los Cinco era mantener informado al gobierno cubano sobre las operaciones mortíferas que estos grupos e individuos fraguaban, a fin de impedir que se materializara el mayor número posible de estos planes.

Los Cinco fueron llevados a juicio y declarados culpables por una corte federal en Miami bajo cargos amañados, entre ellos conspiración para cometer espionaje y, en el caso de Gerardo Hernández, conspiración para cometer asesinato. Este último cargo, agregado ocho meses después de su arresto para aumentar la presión sobre los Cinco, también se basaba en una alegación falsa. Los fiscales afirmaban que Hernández había tenido conocimiento previo de la decisión del gobierno cubano en febrero de 1996 de derribar dos aviones que habían penetrado el espacio aéreo cubano.

Los operadores de esos vuelos, basados en Miami, habían rechazado durante meses las repetidas

ANTONIO GUERRERO: NUMBER! (2013)

a more than half-century-long record of carrying out bombings, assassinations, and other assaults on supporters of the Cuban Revolution—not only in Cuba but in the United States, Puerto Rico, and other countries as well.

Since 1959, when the mass revolutionary struggle of Cuban working people ended US economic and political domination of their country, nearly 3,500 men, women, and children in Cuba have been killed in such attacks, most originating from the United States. The task of the Five was to keep the Cuban government informed of deadly operations being prepared by these groups and individuals in order to prevent as many as possible of these plans from coming to fruition.

The Five were tried and convicted by a federal court in Miami on frame-up charges that included conspiracy to commit espionage and, in the case of Gerardo Hernández, conspiracy to commit murder. The latter charge, added some eight months after his arrest to ratchet up pressure on the Five, was also based on a false allegation. Prosecutors claimed that Hernández had advance knowledge of the Cuban government's decision in February 1996 to shoot down two planes that had penetrated Cuban airspace.

advertencias de La Habana de que cesaran sus repetidas provocaciones. Cuatro cubano-americanos resultaron muertos mientras realizaban uno de esos actos conscientes de agresión, cuyo propósito era precipitar un enfrentamiento que condujera a represalias militares por parte de Washington contra Cuba.

Reconociendo que no podía ofrecer pruebas contra ninguno de los Cinco de un solo acto de espionaje —o sea, de recoger y transmitir a un gobierno extranjero información relativa a la defensa nacional estadounidense— Washington recurrió a su larga tradición de formular cargos de "conspiración" para obtener un veredicto de culpabilidad e imponer sentencias draconianas.

Cada uno de los Cinco reconoció francamente ante la corte y el mundo que estaba trabajando para el gobierno cubano a fin de prevenir futuros ataques mortíferos contra el pueblo cubano. Cada uno afirmó que lo haría nuevamente sin titubear si se lo pidieran.

Sobre sus cabezas erguidas, en diciembre de 2001, la jueza impuso sentencias que variaban desde 15 años para René González hasta 19 años para Fernando González, cadena perpetua sin posibilidad de libertad condicional para Guerrero y Labañino y doble cadena perpetua sin libertad condicional para Hernández, dirigente del esfuerzo.

Cuatro años más tarde, en 2005, un panel de tres jueces de un tribunal federal

The Miami-based operators of those flights had for months rebuffed Havana's repeated warnings to cease their recurring provocations. Four Cuban Americans ended up dying while carrying out one of those deliberate acts of aggression, hoping to precipitate a confrontation leading to military retaliation by Washington against Cuba.

Admitting it could produce no evidence against any of the Five of any act of espionage—that is, gathering and transmitting to a foreign government information relating to US national defense—Washington resorted to its long tradition of "conspiracy" charges to obtain convictions and impose draconian sentences.

Each of the Five forthrightly acknowledged before the court and to the world that they were working for the Cuban government to prevent future murderous attacks on the Cuban people from taking place. Each of them affirmed they would do so again without a moment's hesitation if asked.

On their unbowed heads, in December 2001 the judge laid sentences ranging from fifteen years for René González, to nineteen for Fernando González, to life without parole for Guerrero and Labañino, and a double life sentence without parole for Hernández, who led the effort.

Four years later in 2005, citing the blatantly prejudiced atmosphere surrounding the Miami trial, a three-judge

de apelaciones, señalando el ambiente burdamente cargado de prejuicios en torno al juicio de Miami, revocó unánimemente las condenas y ordenó un nuevo juicio. Doce meses después, en respuesta a una petición del gobierno norteamericano, la corte de apelaciones en pleno anuló esa decisión y restituyó las condenas.

En 2009 la misma corte de apelaciones dictaminó que, "en ausencia de una determinación de que información de máximo secreto fue recogida o transmitida" por Labañino, Guerrero o Hernández, la cadena perpetua impuesta a cada uno de ellos por conspiración para cometer espionaje excedía las pautas federales. La sentencia de Labañino fue reducida a 30 años y la de Guerrero a un poco menos de 22 años. Al mismo tiempo, a Fernando González le restaron unos cuantos meses a su sentencia.

Sin embargo, la corte rehusó permitir que se reevaluara la sentencia de prisión perpetua contra Hernández por el cargo de conspiración de espionaje. ¡Los jueces fallaron que sería "irrelevante en cuanto a la pena que él cumplirá" ya que está sentenciado no solo a una sino a dos cadenas perpetuas simultáneas!

❧

Tras completar más de 14 años y medio de prisión y de libertad condicional, en mayo de 2013 René González fue el primero de los Cinco en regresar a Cuba. Fernando

federal appeals court panel unanimously overturned the convictions and ordered a new trial. In response to a US government petition, the full appeals court twelve months later overturned that decision and reinstated the convictions.

In 2009 the same appeals court ruled that, "in the absence of a finding that top secret information was gathered or transmitted" by Labañino, Guerrero, or Hernández, the life sentences imposed on each of them for conspiracy to commit espionage exceeded federal guidelines. Labañino's sentence was reduced to thirty years, and Guerrero's to just under twenty-two. At the same time Fernando González's sentence was reduced by a number of months.

The court refused to allow Hernández's life sentence on the espionage conspiracy charge to be reconsidered, however. The judges ruled that any reduction would be "irrelevant to the time he will serve," since he is sentenced to not one but two concurrent life terms!

❧

After completing more than fourteen and a half years in prison and on parole, in May 2013 René González became the first of the Five to return to Cuba. Fernando González, who also served every minute of his sentence, was released and deported to Cuba in February 2014. Were they to serve their full time, Antonio Guerrero

González, quien igualmente cumplió cada minuto de su sentencia, fue excarcelado y deportado a Cuba en febrero de 2014. En caso de cumplir toda su sentencia, Antonio Guerrero no sería excarcelado hasta septiembre de 2017, y Ramón Labañino siete años más tarde, en octubre de 2024.

Sin embargo, para Gerardo Hernández no hay fecha de excarcelación. Además, como castigo adicional e intensamente cruel, durante más de 16 años Washington le ha negado una visa a su esposa, Adriana Pérez, para entrar a Estados Unidos y visitarlo.

Las crecientes denuncias mundiales del juicio a los Cinco Cubanos, y de las desmedidas sentencias y otros aspectos del trato vengativo contra ellos, no han quedado sin efectos. En la audiencia judicial donde se redujo la sentencia de Guerrero, los fiscales federales reconocieron la presión, manifestando su esperanza de que la decisión "calme las aguas de conflictividad" y el "ruido" que se arremolinaban en torno al caso a nivel internacional.

Sin embargo, ha salido a relucir evidencia de que varios periodistas que escribían sobre el juicio en la prensa de

would not be released until September 2017, and Ramón Labañino seven years later, in October 2024.

For Gerardo Hernández, however, there is no release date. Moreover, as an additional, intensely cruel punishment, for more than sixteen years Washington has denied his wife, Adriana Pérez, a visa to enter the United States to visit him.

Growing worldwide condemnation of the trial of the Cuban Five, and of the unconscionable sentences and other vindictive treatment, has not been without effect. At the court hearing where Guerrero's sentence was reduced, federal prosecutors acknowledged the pressure, admitting they hoped that decision would "quiet the waters of contentiousness" and "noise" swirling around the case internationally.

Evidence has come to light, however, that a number of journalists writing about the trial in the Miami press were at the same time receiving payments from the US government's Office of Cuban Broadcasting. This further proof of the corruption of the trial proceedings —negating the possibility of empaneling an impartial jury of peers—has become part of the habeas corpus appeals filed on behalf of

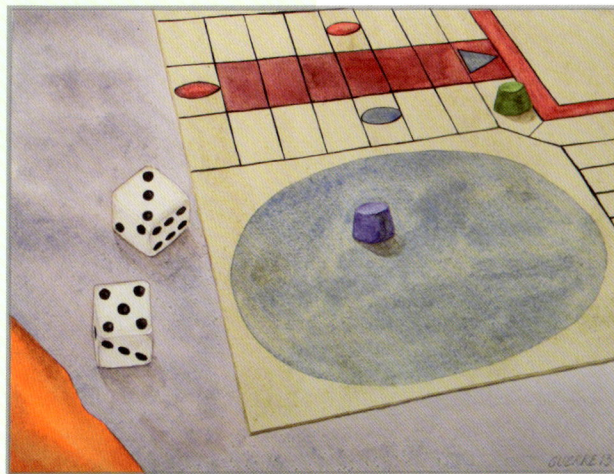

ANTONIO GUERRERO: PARCHEESI/EL PARCHÍS (2013)

Miami simultáneamente recibían pagos de la Oficina de Transmisiones a Cuba del gobierno estadounidense. Esta prueba adicional de la corrupción del proceso judicial —que hizo imposible conformar un jurado imparcial de sus iguales— forma parte del recurso de *habeas corpus* que se ha entablado a nombre de Hernández, Labañino y Guerrero. Está haciendo multiplicar el clamor internacional a favor de su excarcelación.

¿Por qué los Cinco Cubanos han estado presos siquiera un día?

"Ellos se ensañaron en nosotros como una manera más de castigar la resistencia de Cuba", escribe René González en estas páginas. El juicio fue "una extensión del enfrentamiento entre quienes se arrogan el agredir a Cuba como un privilegio y quienes defendemos su derecho a defenderse". Las sesiones del juicio evidenciaron que, para el gobierno norteamericano, "tanto el terrorismo como una agresión militar a la isla están entre sus legítimas prerrogativas. A nosotros nos pareció importante demostrarles que tendrían que enfrentar a todo un pueblo que piensa lo contrario".

Los Cinco fueron encarcelados precisamente porque ejemplifican la Revolución Cubana: ejemplifican la fuerza de los hombres y las mujeres que crearon y que defienden "el primer territorio libre de América". Los tienen como rehenes para castigar al pueblo trabajador cubano por la osadía de hacer una revolución socialista en

Hernández, Labañino, and Guerrero. It is adding to the international outcry for their release.

Why are the Cuban Five in prison for even a day?

"They dealt with us harshly, as yet another way to punish Cuba's resistance," René González writes here. The trial was "an extension of the confrontation between those who claim the prerogative to attack Cuba and those of us who believe in Cuba's right to defend itself." The US government "regarded both terrorism and military aggression against Cuba to be among their legitimate prerogatives. That's what the trial showed. We thought it was important to demonstrate they would have to confront an entire people who think otherwise."

The Five were imprisoned precisely because they exemplify the Cuban Revolution—they exemplify the strength of the men and women who brought into being and defend "the first free territory of the Americas." They are held hostage to punish the Cuban toilers for their audacity in making a socialist revolution in what Washington still considers its "backyard."

It was for these deeds that the Cuban Five were arrested, framed up, and have been locked away through three imperialist administrations, two Democrat and one Republican. During those same years, however, growing knowledge in North America and the world over of the consistency of the revolutionary conduct of the Five—from Cuba and Angola to US

lo que Washington aún considera su "patio trasero".

Fue por estos hechos que los Cinco Cubanos fueron arrestados, sometidos a un caso amañado y encarcelados a lo largo de tres administraciones imperialistas: dos demócratas y una republicana. No obstante, durante esos mismos años, el hecho de que en Norteamérica y todo el mundo se ha ido conociendo más acerca de la conducta revolucionaria consecuente de los Cinco —desde Cuba y Angola hasta las celdas de prisiones en Estados Unidos— ha sido decisivo para ganarles una admiración y un apoyo cada vez más amplios.

Absueltos por la solidaridad es un arma poderosa más en la lucha por su libertad. En las palabras de Antonio Guerrero, "Todo lo que se pretendía con aquellas descomunales sentencias era castigar a Cuba. No pudieron, sin embargo, impedir que nuestra verdad se escuchara, la verdad de nuestra patria digna, humana y revolucionaria".

Esa es la verdad que se halla en las obras de Antonio.

10 de diciembre de 2014

prison cells—has been decisive in winning them ever-widening admiration and support.

Absolved by Solidarity is one more powerful weapon in the fight to win their freedom. In the words of Antonio Guerrero, "Those harsh sentences had only one purpose: punishing Cuba. But they could not stop our truth from being heard, the truth of our honorable, humane, and revolutionary country."

That is the truth one finds in Antonio's paintings.

December 10, 2014

Absolved by solidarity
16 watercolors for 16 years

Absueltos por la solidaridad
16 acuarelas por 16 años

Change of venue denied

In Miami there was zero possibility of a fair trial.

Before, during, and after the trial, our attorneys submitted to Judge Lenard a total of eleven motions seeking to change the venue to Fort Lauderdale, not far from Miami—just forty minutes north by car.

The court denied them all.

In doing so, the government secured the conditions it needed to ensure we wouldn't have the slightest chance of being acquitted.

El cambio de sede denegado

En la ciudad de Miami las garantías para un juicio imparcial eran nulas.

Antes, durante y después del juicio, nuestros abogados presentaron a la jueza Lenard un total de 11 mociones tratando de lograr el cambio de la sede a Fort Lauderdale, ciudad ubicada no lejos de la urbe miamense, a solo 40 minutos de viaje por carretera en dirección norte.

La corte las denegó todas.

El gobierno, con ello, obtuvo las condiciones que necesitaba para garantizar que no tuviéramos el más mínimo chance de salir absueltos.

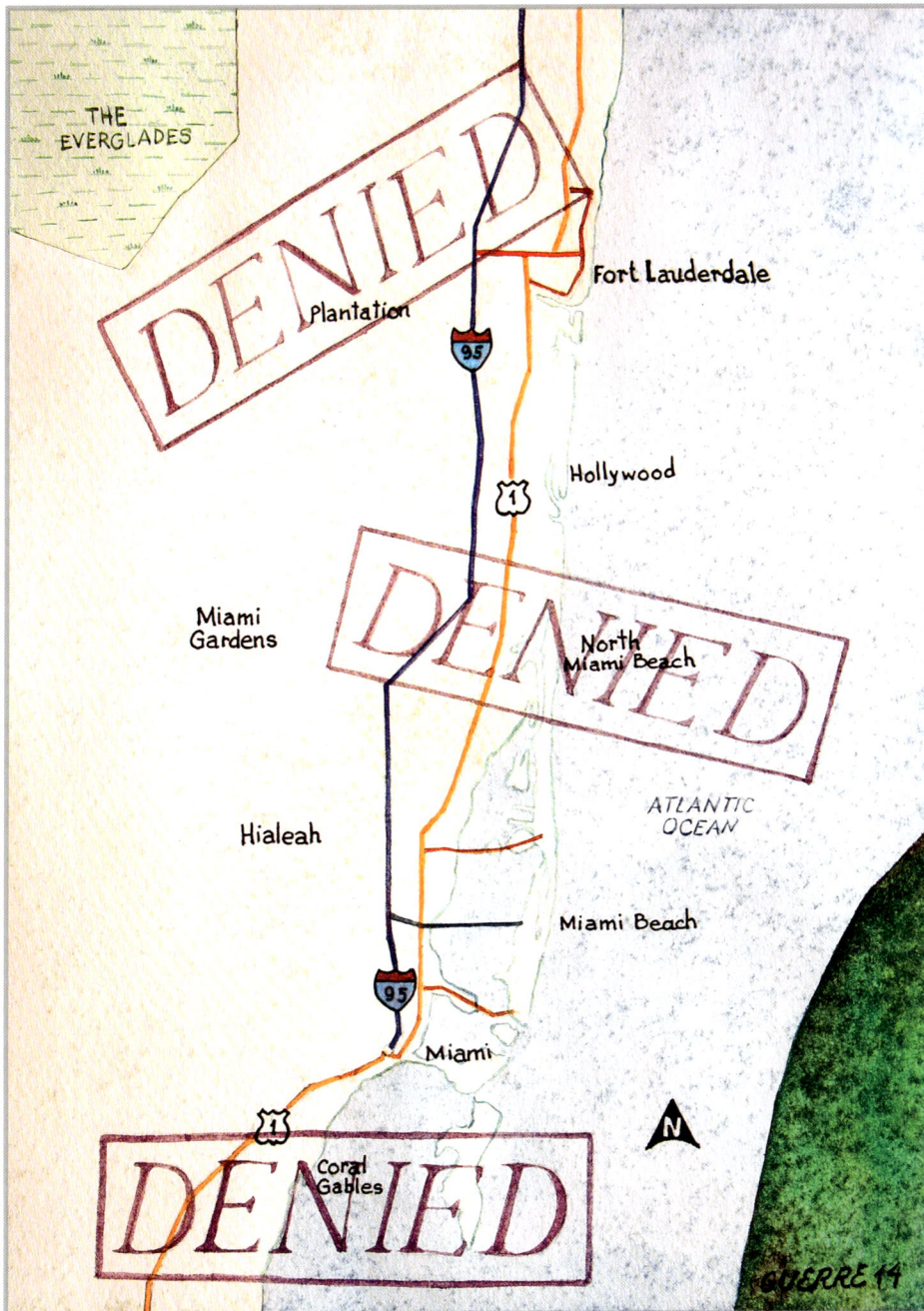

'Get ready—you're going to court!'

Jury selection began November 27, 2000.

A poll by Professor Lisandro Pérez, a psychology professor at Florida International University, concluded, "The possibility of selecting twelve citizens of Miami-Dade County who can be impartial in a case involving acknowledged agents of the Cuban government is virtually zero . . . even if the jury were composed entirely of non-Cubans."

On December 6, 2000, the twelve members of the jury were selected and Judge Lenard declared, "The trial will begin now."

We spent nearly seven months in court.

Every day of the trial, the guard would wake us about 4 a.m., shouting the same words: "Get ready—you're going to court!"

So began the exhausting process of getting to the courtroom and then, as night fell, returning to the unit where we slept.

'¡Prepárate, vas para la corte!'

El 27 de noviembre de 2000 comenzó la selección del jurado.

Se había realizado una encuesta por el Dr. Lisandro Pérez, profesor de psicología de la Universidad Internacional de Florida, cuya conclusión fue, "La posibilidad de seleccionar 12 ciudadanos del Condado Miami-Dade que pudieran ser imparciales en un caso de reconocidos agentes del gobierno cubano es virtualmente cero... incluso si este jurado está compuesto íntegramente por no cubanos".

El 6 de diciembre de 2000, fueron seleccionados los 12 integrantes de aquel jurado, y la jueza Lenard declaró, "El juicio comenzará ahora".

Fueron casi siete meses asistiendo a las audiencias.

Todos los días que íbamos al juicio nos levantaba el oficial de guardia en el dormitorio sobre las 4 a.m., exclamando las mismas palabras: "¡Prepárate, vas para la corte!"

Comenzaba así el agotador proceso para llegar hasta la sala de la corte y luego ir de vuelta al dormitorio, ya cayendo la noche.

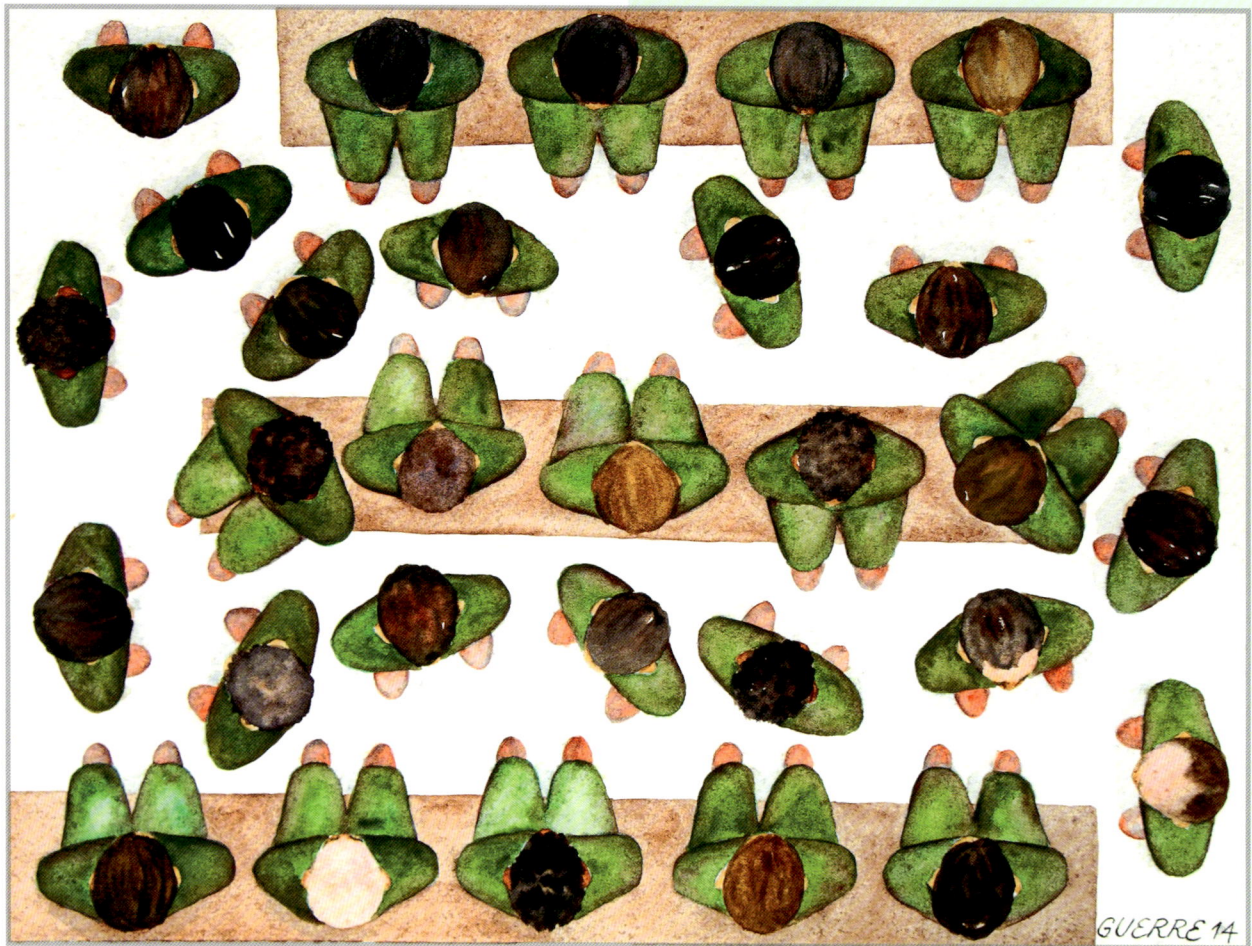

GUERRE 14

The holding cells

They would bring us down in groups from each unit to the fifth floor of the Miami Federal Detention Center. There they'd put all of us in a holding cell, where we almost always had to wait an hour or so to begin the process that would take us to other holding cells and finally to the courtroom.

Usually they put twice as many people in those windowless cubicles as they were designed to hold.

Las celdas de espera

Nos bajaban en grupos de cada unidad de dormitorios hasta el piso 5 del Centro Federal de Detención de Miami, y nos iban reuniendo a todos en una celda de espera, donde casi siempre debíamos aguardar cerca de una hora para iniciar el proceso que nos llevaría a otras celdas de espera y finalmente a la sala de la corte.

Normalmente, éramos el doble de personas para las cuales estaban diseñados esos cubículos totalmente cerrados.

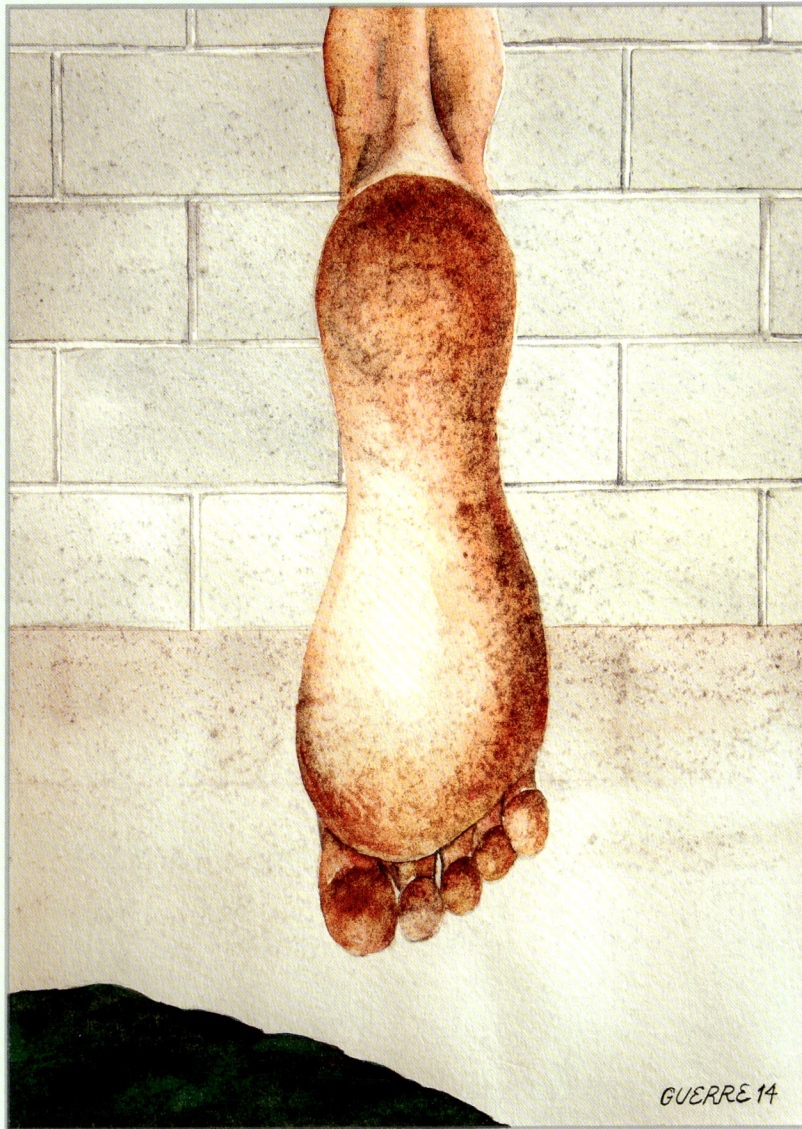

GUERRE 14

La revisión personal

De aquella primera celda nos sacaban en grupos de 5 o 6 personas a un local donde nos hacían desnudar, nos chequeaban individualmente y nos cambiaban de ropa.

Es uno de los procesos más denigrantes por los que irremediablemente teníamos que pasar todos los presos.

De allí nos iban acumulando en otra celda de espera.

Strip search

They would take us in groups of five or six from the first holding cell to a place they made us strip. They would check each of us individually and give us a change of clothes.

This is one of the most degrading procedures every inmate, without exception, has to go through.

From there they would pile us into another holding cell.

The chains

We would wait anxiously in a crowded cell and listen for the sound of chains. That was the signal the marshals had arrived. The process of transferring us from the Detention Center to the old Miami courthouse would begin.

We had to walk through long corridors, cross the underground garage, and take several elevators—all with our hands cuffed and our feet in chains.

Las cadenas

Ansiosamente, en una congestionada celda, todos estábamos al tanto del ruido de las cadenas. Eso indicaba que habían llegado los *marshals* (alguaciles federales). Comenzaba el proceso de traslado del Centro de Detención al edificio de la antigua corte de Miami, en el que recorríamos largos pasillos, cruzábamos un parqueo en el sótano y tomábamos varios elevadores.

Todo eso lo hacíamos esposados de manos y pies.

ANTONIO GUERRERO: THE CHAINS/LAS CADENAS (2013)

GUERRE 14

The evidence

Under provisions of the Classified Information Procedures Act (CIPA), and with the court's agreement, the government classified as "SECRET" nearly 20,000 pages of documents seized in searches of our homes before and after our arrest.

All those documents were kept in a small room in the basement of the old Miami courthouse. Access was severely restricted. Our lawyers were required to get security clearances to have access to it. To visit that room and review documents with us, they had to submit a request three days in advance. Under no condition could they remove anything from the room. Given those restrictions, we had very few opportunities to meet with our lawyers. René aptly dubbed that tiny room "the second hole." All this significantly hindered our preparation for the trial.

In the end the government allowed fewer than 10 percent of those documents to be entered into evidence.

In this way, after securing Miami as the trial venue, they achieved their second key goal. To the prosecution's advantage, access to proof of our innocence was restricted, and trial preparation by our lawyers was sharply curtailed.

Not a single one of the documents stamped "SECRET" was officially classified material, and not a single one represented the slightest risk to US national security. Among them were personal letters to our children and even some recipes.

Las evidencias

Amparados por la Ley de Procedimientos de Información Clasificada (CIPA) y con la condescendencia de la corte, el gobierno clasificó como "SECRETO" las cerca de 20 mil páginas de documentos obtenidos en los registros de nuestras viviendas antes y después del arresto.

Toda esa documentación fue colocada en un local situado en el sótano de la antigua corte de Miami. El acceso a esos documentos fue estrictamente limitado. Nuestros abogados se vieron obligados a sacar permisos de seguridad para tener acceso a ese tipo de información. Ellos debían solicitar con tres días de antelación su visita a ese lugar, para así poderse ver con nosotros y revisar aquellos documentos, que no podían bajo ninguna forma extraerse de allí. Fueron muy pocas las veces que logramos, en esas condiciones, vernos con nuestros abogados. René le dio el nombre justo a aquel cuartucho: "el segundo hueco". El resultado de todo ello fue que nuestra preparación para el juicio se vio entorpecida significativamente.

Al final, el gobierno autorizó que se utilizara como evidencias menos de un 10 por ciento de aquellos documentos.

Lograba de esa forma su segundo objetivo clave, aparte de lo de la sede en Miami. Se restringía, a su conveniencia, las pruebas de nuestra inocencia y se limitaba significativamente la preparación de nuestros abogados.

Ninguno de los documentos a los que se le puso el cuño de "SECRETO" era un documento clasificado y ninguno representaba el más mínimo riesgo para la seguridad nacional de Estados Unidos. Entre ellos había cartas personales a hijos y hasta recetas de comida.

SECRET

Recetas fáciles y exquisitas

CERDO ASADO
Ingredientes
4.5 kg de lechón
1 cabeza mediana de ajo
1/4 cucharadita de oregano molido
1/4 cucharadita de comino molido
1/4 cucharadita de pimienta molida
1 pizca de laurel molido
1 taza de jugo de naranja agria o limón
1/2 taza de aceite
Sal al gusto
Preparación
Toma el cerdo y hazle varias incisiones por la parte interior.
Mezcla con el jugo de naranja agria, el aceite, los ajos tritura-
dos, las especias secas molidas y la sal. Adoba por la parte
interior la carne con el mojo haciendo que penetre por los cortes. Colócalo en una tártara sobre algunas papas para que no
se pegue con la parte interior hacia arriba; mantenlo a horno
moderado una hora y media aproximadamente. Rocíalo de vez
en cuando con el mojo. Pasado este tiempo, víralo para que
re y tueste la piel. Concluido el asado, refréscalo y córtalo
edes acompañarlo con yuca y arroz moros y cristianos. Me
el mojo restante con un poco del jugo del asado y ponlo
para sazonar mas el cerdo o yuca al gusto.
forma de asar el cerdo varía en dependencia de la reg
ejemplo, puede asarse en hamaca, en púa o en pa
e el principio no varía.

GUERRE 14

Easy and mouth-watering recipes

ROAST PORK

Ingredients
4.5 kg pork
1 medium head garlic
1/4 teaspoon ground oregano . . .

Preparation
Make several incisions in the meat. Combine
the sour orange juice, oil, crushed garlic,
ground spices, and salt . . .

Journalists for hire

From the moment we were arrested, nearly all the press, radio, and TV in Miami began churning out a nonstop torrent of accusations against Cuba, and especially against the five of us. All this created what the Atlanta appeals court later called a "perfect storm."

That campaign, promoted by the Miami mafia and led by its Cuban American members of Congress, was (as we learned in 2006) funded by the government, which supplemented the salaries of the "authors" of those articles. Federal agencies paid them thousands of dollars.

Thus our accusers now had the perfect trial venue; restrictions, in their favor, on what evidence we could introduce; and a press campaign creating an atmosphere deeply hostile to the Five. All in the very cradle of terrorist actions against Cuba.

Los periodistas pagados

Desde el mismo momento de nuestro arresto, prácticamente todos los medios de prensa escrita, radial y televisiva de Miami se volcaron a desplegar una ininterrumpida campaña de acusaciones contra Cuba y en especial contra nosotros cinco. Todo eso fue creando lo que luego la corte de apelaciones de Atlanta calificó como "la tormenta perfecta".

Esa campaña, impulsada por la mafia miamense con sus congresistas cubano-americanos al frente, se supo, a partir del 2006, que era financiada por el gobierno federal, el cual suplementaba los salarios de "los autores" de esos artículos con pago de miles de dólares a través de algunas agencias gubernamentales.

Así, nuestros acusadores ya tenían la sede perfecta, la limitación a su favor de las evidencias y, además, una campaña que creaba un clima sumamente hostil contra los Cinco en la misma cuna de las acciones terroristas contra Cuba.

En el juicio a los espías cub
integraron la llamada "Red Av
quedado demostrado que el ré
Castro ha conspirado abiertame
cometer actos terroristas e

Por ARIEL REMOS

En el juicio a los espías cubanos que integ
"Red Avispa" ha quedado demostrado que e
Castro ha conspirado abiertamente para c
ristas en E E. UU. y que los exiliados cuban

GUERRE 14

"The trial of the Cuban spies that made up the so-called 'Wasp Network' has shown that Fidel Castro's regime has openly conspired to carry out terrorist acts in the US. . . ."

Diario las Américas
January 19, 2001

The diary

On November 21, 2000, when René learned his wife, Olguita, would be deported to Cuba after several months of cruel and unjust imprisonment, our brother decided to write her regularly as our trial unfolded. It was a way of enabling her to participate.

Throughout the nearly seven months of the trial, René sacrificed his few hours of rest to this end.

The result was not only the longest letter of his life but a firsthand account of extraordinary value and importance.

El diario

El 21 de noviembre de 2000, tras René conocer que su esposa Olguita sería deportada para Cuba, luego de ella sufrir varios meses de cruel e injusto encarcelamiento, nuestro hermano se propuso escribirle sobre los acontecimientos que iban a ir sucediendo en nuestro juicio, haciéndola con ello partícipe del mismo.

René sacrificó sus pocas horas de descanso en aquellos casi siete meses de juicio.

El resultado de sus escritos no solo fue la carta más larga de su vida, sino un testimonio de extraordinario valor e importancia.

"November 21, 2000

"My love,
"Today I'm starting the longest letter I've . . ."

The cartoons

Eight months after our arrest, the government charged Gerardo with first-degree premeditated murder, complying with demands by Miami's anti-Cuba mafia. With no evidence of any kind, the charge was added to our indictments, based on the manipulation of intercepted messages.

But neither the brutally vicious nature of the trial nor its exhausting daily grind could dent our sense of humor and optimism.

Gerardo's cartoons, born in those days, are a devastating indictment of the frame-up we were subjected to. They were often passed around the courtroom, faithfully capturing that rigged "Roman circus" where obtaining a fair verdict was impossible.

Las caricaturas

Cumpliendo el pedido de la mafia anticubana de Miami, sin pruebas de ningún tipo, manipulando algunos de los mensajes interceptados, luego de ocho meses de haber sido arrestados, se sumó a nuestra acta de acusaciones el cargo de asesinato premeditado en primer grado para Gerardo.

Ni la saña brutal ni el cansancio de las agotadoras jornadas de juicio pudo mellar nuestro humor y nuestro optimismo.

Las caricaturas de Gerardo, nacidas por aquellos días, son una contundente crítica al amañado proceso judicial al que fuimos sometidos. Muchas veces, ellas circularon por la sala de la corte, y en ellas se reflejaba fehacientemente aquel montado "circo romano" donde jamás podíamos obtener un veredicto justo.

Lead prosecutor Caroline Heck-Miller:
"Madam judge, at the insistence of the defense, the government has the next witness ready to testify: Mr. José Basulto."

Second prosecutor to José Basulto (gagged):
"Remember, just answer 'yes' or 'no' by nodding or shaking your head . . . !"

A la izquierda: la fiscal principal Caroline Heck-Miller

A la derecha: segundo fiscal con José Basulto (amordazado)

The poems

Poems written during the seventeen months in the hole, as well as other verses born during the trial itself, passed through many hands in the courtroom.

Poetry elevated our truth above the lies. It raised our dignity above the vileness and hatred.

Los poemas

Muchos de los poemas escritos durante los 17 meses en el hueco, así como otros versos que nacieron durante el juicio, pasaron por muchas manos en la sala de la corte.

La poesía elevó nuestra verdad por encima de la mentira, elevó nuestra dignidad por encima de la bajeza y el odio.

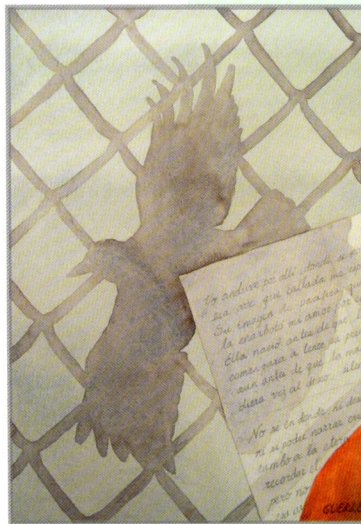

ANTONIO GUERRERO: THE 'REC'/LA 'REC' (2013)

Tan cierta
Las partes ya han tomado desiciones.
Yo quisiera mirar más allá
desde mis propios ojos
y me elevo como el monte
para ver más que ellos
tal vez para ser visto de lejos.
Una señal vestida de esperanza
dentro de un pecho erguido se ilumina
de allí saldrá el reclamo
de allí vendrá la gloria
y triunfará tan cierta como el cielo.

As true as
Both sides have already reached their decision
I want to look beyond that
with my own eyes
and rise like the mountain
to see more than they do
perhaps to be seen from afar.
As we stand proud
a beacon clad in hope shines from within
from there the call will arise
from there the glory will come
and will triumph as true as the sky.

No secrets

Right from the opening arguments, the government was forced to acknowledge they didn't have a single page of any classified document to exhibit. Nonetheless, they used the claim of "conspiracy" to fabricate espionage charges against three of us.

In their final attempt to prove the unprovable—an act of espionage causing harm to national security—they presented a witness with a long record in US intelligence. This was James Clapper, then head of the National Geospatial-Intelligence Agency and now, since August 9, 2010, Director of National Intelligence of the United States.

After answering several questions from the prosecution, the witness was cross-examined by Gerardo's attorney, Paul McKenna, who asked him simply and directly, "In your review of these documents, did you come across any secret national defense information that was transmitted? Did you come across any?"

The answer he received from James Clapper was, "Not that I recognized, no."

No hay secretos

Desde los argumentos iniciales, el gobierno se vio precisado a reconocer que no podría mostrar ni una simple página de algún documento clasificado. No obstante, hizo uso de "la conspiración" para fabricar los cargos de espionaje contra tres de nosotros.

En su último intento por lograr demostrar lo indemostrable, el acto de espiar, causando con ello un daño a la seguridad nacional, trajo a un testigo con una amplia trayectoria en asuntos norteamericanos de inteligencia, James Clapper, quien en aquel entonces era el director de la Agencia Nacional de Inteligencia Geoespacial y hoy día, desde el 9 de agosto de 2010, es el Director de Inteligencia Nacional de Estados Unidos.

Después de responder a varias preguntas de la fiscalía, este testigo fue confrontado con el abogado de Gerardo, Paul McKenna, quien le preguntó de manera simple y directa, "En su revisión de estos documentos, ¿vio usted alguna información secreta de defensa nacional que hubiera sido transmitida? ¿Vio alguna?"

La respuesta que obtuvo de James Clapper fue, "No, que yo reconociera, no".

In your review of these documents, did you come across any secret, national, -national defense information that was transmitted? Did you come across any?

Not that I recognized, no.

GUERRE 14

"En su revisión de estos documentos, ¿vio usted alguna información secreta de defensa nacional que hubiera sido transmitida? ¿Vio alguna?"

"No, que yo reconociera, no".

The jury's verdict

On June 8, 2001, without expressing a single doubt or asking a single question, the jury found us guilty of all charges. The date and almost exact time of the verdict had been announced in advance. Everything had been coldly calculated.

We had expected the blow and received it with our hearts full of dignity and innocence.

That day we returned late from the courtroom. To our great surprise, when we arrived at our prison unit we were greeted with loud applause from the big majority of those we had been living alongside during the months of the trial.

Miami's cesspool TV channels had broadcast the news of the guilty verdict. In response, we received that gesture of respect, admiration, and support—what we might truly call the first act of solidarity with our cause.

La decisión del jurado

El 8 de junio de 2001, sin una sola duda o pregunta, el jurado nos encontró culpables de todos los cargos. La fecha del veredicto y casi la hora exacta se habían anunciado. Todo estaba fríamente calculado.

Recibimos aquel esperado golpe con nuestros pechos llenos de dignidad y de inocencia.

Ese día regresamos tarde de la corte. Al llegar a la unidad de dormitorio, para nuestra gran sorpresa, fuimos recibidos con fuertes aplausos por la gran mayoría de la población penal con la que habíamos convivido durante esos meses de juicio.

Los canales cloacas de Miami habían dado la noticia del veredicto de culpabilidad contra nosotros. En respuesta, recibimos aquel gesto de respeto, admiración y apoyo, lo que bien pudiéramos llamar fue el primer acto de solidaridad con nuestra causa.

The 'hole' and separation

After the guilty verdict, Commander-in-Chief Fidel Castro, at a mass open-air meeting on June 23, 2001, informed our people and the world of the enormous injustice committed against us in the den of anti-Cuba terrorism.

Demonstrations in support of the battle for our freedom began across our island and in many parts of the world.

Once again, the prison authorities chose to take arbitrary and cruel measures against us. They threw us in the hole and kept us there in isolation from June 26 until August 13, Rene's forty-fifth birthday.

Once released from that unjust punishment, we were separated and placed in different units, each on a different floor, to prevent even the most minimal contact between us.

That's how they kept us from preparing adequately for the sentencing hearings.

'Hueco' y separación

Tras el veredicto de culpabilidad, el Comandante en Jefe Fidel Castro, en tribuna abierta el 23 de junio de 2001, dio a conocer a nuestro pueblo y al mundo la colosal injusticia que se había cometido contra nosotros en la guarida del terrorismo contra Cuba.

Comenzaron las manifestaciones de respaldo a la batalla por nuestra libertad a lo largo y ancho de nuestra isla y en muchas partes del mundo.

Una vez más, las autoridades carcelarias optaron por tomar arbitrarias y crueles medidas contra nosotros. Nos condujeron a las celdas del hueco, donde nos mantuvieron aislados desde el 26 de junio hasta el 13 de agosto, fecha en que René cumplió sus 45 años.

Al salir de aquel injusto castigo fuimos separados y ubicados en diferentes unidades de dormitorios, cada uno en un piso distinto, para que no tuviéramos el más mínimo contacto.

Con ello se impedía nuestra adecuada preparación para las audiencias de sentencia.

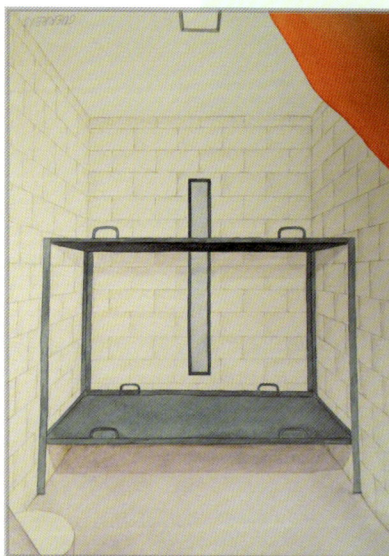

ANTONIO GUERRERO: THE SHAKEDOWN (2013)

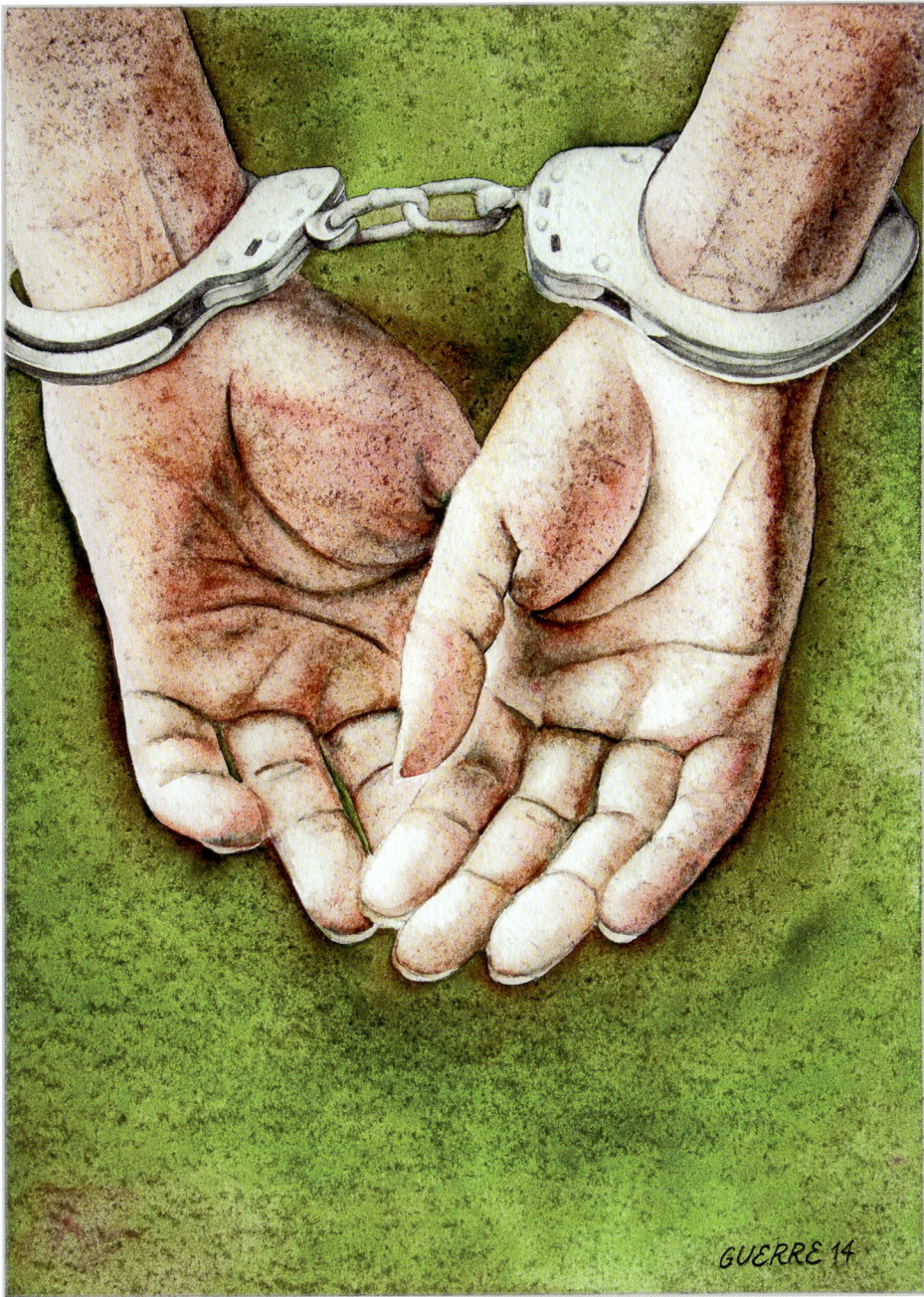

Our statements

Each of us, separately, prepared our defense statements and discussed with our attorneys the most important points we should make at the sentencing hearings.

Somehow we received a copy of *History Will Absolve Me*, Fidel's defense speech at the Moncada trial. Each of us read it and used it as an example and guide.

My hearing took place two weeks after those of my brothers, so I was the last one to get my hands on the book.

The day of my sentencing, I brought it and placed it in front of me when I began reading my statement to the court.

Los alegatos

Por separado, fuimos preparando nuestros alegatos, discutiendo con nuestros abogados los puntos más importantes que debíamos abordar en las audiencias de sentencia.

Un ejemplar de *La historia me absolverá*, por alguna vía, llegó a nuestras manos. Cada uno lo fue leyendo y tomando como ejemplo y guía la defensa de Fidel en el juicio del Moncada.

Como mi audiencia se efectuó dos semanas después de las de mis hermanos, fui el último en tener en sus manos aquel libro.

El día fijado para sentenciarme lo llevé conmigo y lo coloqué frente a mí cuando comencé a leer mi alegato ante la corte.

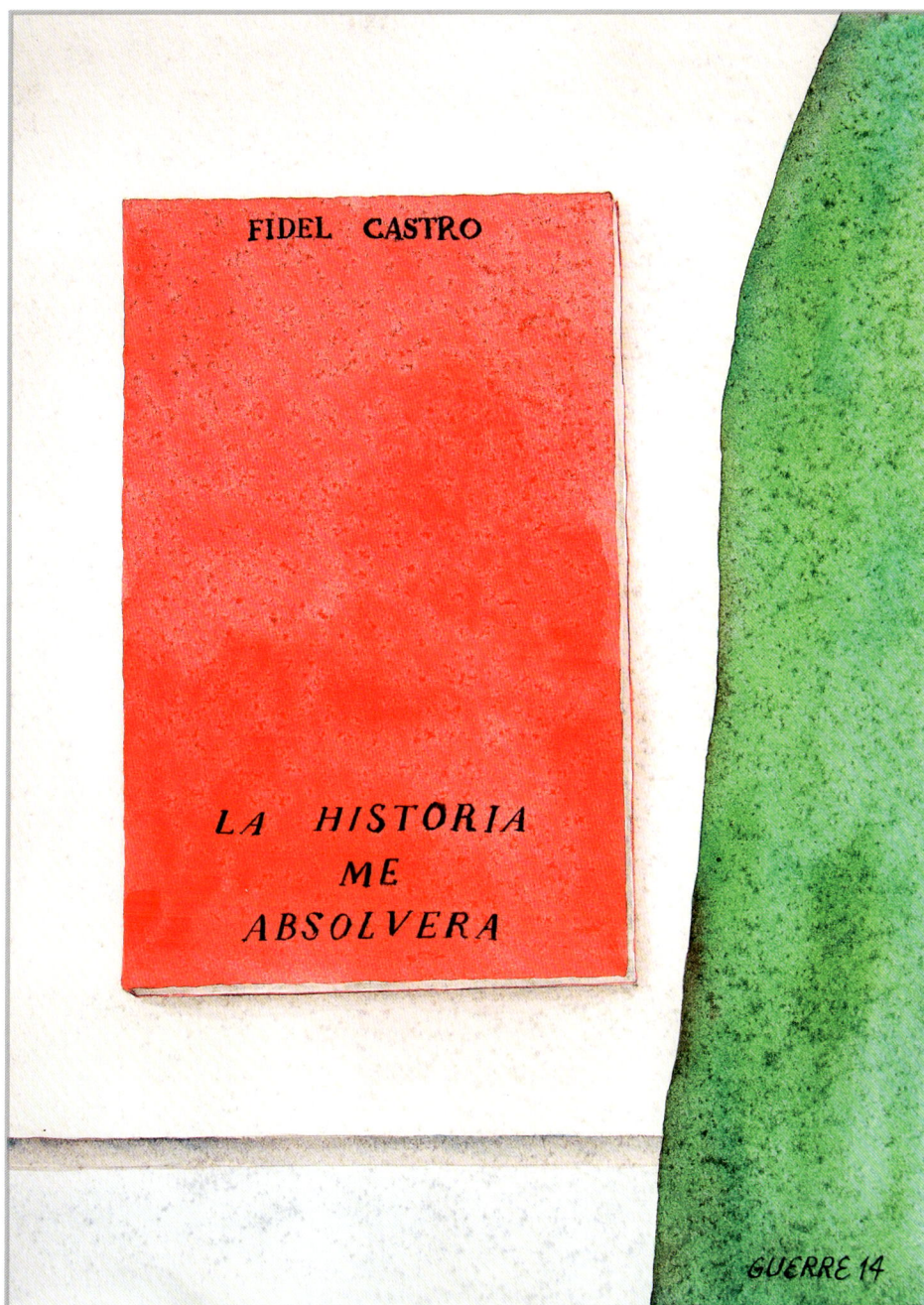

FIDEL CASTRO

LA HISTORIA
ME
ABSOLVERA

GUERRE 14

The sentences

At the end of 2001, with our heads held high, each of us received the maximum sentence possible.

December 12, Gerardo: two life terms plus fifteen years.

December 13, Ramón: a life term plus eighteen years.

December 14, René: fifteen years in prison.

December 18, Fernando: nineteen years in prison.

December 27, I received a life sentence plus ten years.

Those harsh and unjust sentences had only one purpose: punishing Cuba. But they could not stop our truth from being heard in that Miami courtroom—the truth of our honorable, humane, and revolutionary country.

Las sentencias

Con la frente en alto, terminando el 2001, recibimos las sentencias máximas:

12 de diciembre, Gerardo: dos cadenas perpetuas más 15 años.

13 de diciembre, Ramón: cadena perpetua más 18 años.

14 de diciembre, René: 15 años de privación de libertad.

18 de diciembre, Fernando: 19 años de privación de libertad.

El 27 de diciembre, yo recibí cadena perpetua más 10 años.

Todo lo que se pretendía con aquellas descomunales e injustas sentencias era castigar a Cuba. No pudieron, sin embargo, impedir que nuestra verdad se escuchara en aquella sala de la corte de Miami, la verdad de nuestra patria digna, humana y revolucionaria.

Five distant prisons

They chose five distant points across the United States to send each of us to serve our unjust sentences, as far from each other as possible:

Gerardo to the penitentiary in Lompoc, California.

Ramón to the penitentiary in Beaumont, Texas.

René to the McKean medium security prison in Pennsylvania.

Fernando to the medium security prison in Oxford, Wisconsin.

I was sent to the penitentiary in Florence, Colorado.

This created a serious problem for preparing our appeal to the federal circuit court in Atlanta. It also made family and consular visits enormously difficult.

Nothing, however, could stop the Five from continuing to act as one. Nothing could keep us from receiving messages from hundreds of friends around the world. Nothing could prevent us from marching together with our people and all our supporters in the long battle for justice and freedom.

Cinco distantes prisiones

Se escogieron cinco distantes puntos de la geografía de Estados Unidos para enviarnos, lo más separados posible, a cumplir nuestras injustas sentencias:

Gerardo a la penitenciaría de Lompoc, California.

Ramón a la penitenciaría de Beaumont, Texas.

René a la prisión de mediana seguridad de McKean en Pennsylvania.

Fernando a la prisión de mediana seguridad de Oxford, Wisconsin.

Yo a la penitenciaría de Florence, Colorado.

Esa situación creaba un serio problema para la preparación de nuestra apelación directa al circuito federal de apelaciones de Atlanta, al tiempo que dificultaba enormemente las visitas familiares y consulares.

Pero nada pudo impedir que los Cinco siguiéramos siendo uno; que los Cinco recibiéramos mensajes de cientos de amigos de todo el mundo. Nada pudo impedir que junto a nuestro pueblo y nuestros amigos solidarios marcháramos unidos en la larga batalla por la justicia y por nuestra libertad.

GUERRE 14

Those harsh sentences had only one
purpose: punishing Cuba.
But they could not stop our truth from
being heard, the truth of our
honorable, humane, and
revolutionary country.

ANTONIO GUERRERO

Todo lo que se pretendía con aquellas
descomunales sentencias era
castigar a Cuba. No pudieron,
sin embargo, impedir que
nuestra verdad se escuchara,
la verdad de nuestra patria, digna,
humana y revolucionaria.

Today we address the American people directly

On June 20, 2001, as the Cuban Five awaited sentencing following their convictions by a federal court in Miami, they for the first time addressed the American people, denouncing the frame-up. Their statement was published in the Cuban daily GRANMA. In retaliation, US authorities once again stripped them of all personal belongings and returned them to the "hole" for another forty-eight days. The following are major excerpts.

We are five loyal Cubans who for thirty-three months and five days have endured harsh imprisonment in a country whose authorities are hostile to our nation. We were subjected to a long, scandalous trial marked by transparently political objectives, methods, and procedures, as well as a veritable deluge of malicious and fraudulent propaganda. Today we address the American people directly, to let them know we are the victims of a terrible injustice.

We were accused of endangering the security of the United States and indicted on numerous charges, including conspiracy to commit murder—charges that could not and cannot be proven since they are unquestionably false. We face prison sentences of dozens of years, possibly even life sentences.

A jury selected in Miami—and that says it all—found us guilty of all charges. We are Cuban

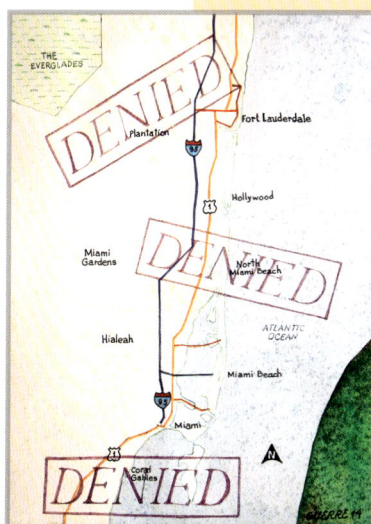

Nos dirigimos directamente al pueblo norteamericano

El 20 de junio de 2001, mientras esperaban las sentencias después de que una corte federal en Miami los declarara culpables, los Cinco Cubanos por primera vez se dirigieron al pueblo de Estados Unidos, denunciando el caso amañado. Su declaración fue publicada en el diario cubano GRANMA. Como represalia, las autoridades norteamericanas nuevamente les confiscaron todos sus efectos personales y los regresaron al "hueco" por 48 días más. A continuación se reproducen fragmentos mayores.

Cinco cubanos leales a su pueblo, que durante 33 meses y cinco días hemos soportado el riguroso encierro en las celdas de una prisión de otro país cuyas autoridades son hostiles al nuestro, y donde hemos sido juzgados después de un largo y escandaloso proceso mediante procedimientos, métodos y objetivos de carácter absolutamente políticos y bajo un verdadero diluvio de propaganda malintencionada y fraudulenta, hemos decidido dirigirnos directamente al pueblo norteamericano para hacerle conocer que hemos sido víctimas de una colosal injusticia.

Se nos acusó de poner en peligro la seguridad de Estados Unidos, imputándonos numerosos cargos, e incluso delitos como la conspiración para asesinar, los que, por su incuestionable falsedad, no fueron ni podrán ser probados, y por los cuales podemos ser sancionados

patriots and never had the least intention of harming the values or integrity of the American people.

Our small heroic country has survived four decades of aggression, threats to our national security, subversive operations, sabotage, and destabilization. It has every right to defend itself from enemies who use US territory to plan, organize, and finance terrorist actions, and who break your own laws in the process. . . .

We have never done anything for money. We have always lived modestly, in line with the sacrifices our own people are making.

We have been motivated by a strong sense of human solidarity, of love for our homeland, and contempt for everything that abuses the dignity of human beings.

The defendants in this case do not in any way regret what we have done to defend our country. We declare ourselves not guilty. We take comfort in having fulfilled our duty to our people and our homeland. Our families understand the depth of the values that guide us. They will be proud of our commitment to humanity in the struggle against terrorism and for the independence of Cuba.

René González, Antonio Guerrero,
Fernando González, Gerardo Hernández,
Ramón Labañino

a decenas de años de prisión y a cadenas perpetuas.

Un jurado constituido en Miami —y esto lo explica por sí mismo— nos declaró culpables de todos los cargos que se nos imputaban. Somos patriotas cubanos que nunca tuvimos la intención de dañar los valores del pueblo norteamericano ni su integridad.

Sin embargo, nuestro pequeño país, que heroicamente ha sobrevivido durante 40 años a agresiones y amenazas a su seguridad, a planes de subversión, sabotajes y a la desestabilización interna, tiene derecho a defenderse de sus enemigos, que utilizan el territorio norteamericano para planear, organizar y financiar actos terroristas violando las propias leyes internas que los prohíben…

Nunca hicimos nada por dinero y siempre vivimos modesta y humildemente, a la altura del sacrificio que realiza nuestro pueblo.

Nos guió un fuerte sentimiento de solidaridad humana, amor a nuestra patria y desprecio por todo lo que no respete la dignidad del hombre.

Los acusados en esta causa no nos arrepentimos de lo que hemos realizado para defender a nuestro país. Nos declaramos totalmente inocentes. Nos reconforta el deber cumplido con nuestro pueblo y nuestra patria. Nuestras familias comprenden el alcance de las ideas que nos han guiado y sentirán orgullo por esta entrega a la humanidad en la lucha contra el terrorismo y por la independencia de Cuba.

René González, Antonio Guerrero,
Fernando González, Gerardo Hernández,
Ramón Labañino

'Never forget, we don't betray our country'

RAMÓN LABAÑINO

Over the course of our long trial—lasting nearly seven months, from November 27, 2000, to June 8, 2001—the five of us were brought down to the Miami courtroom together. During that time we had many encounters with people who in one way or another expressed support and solidarity, even their heartfelt identification with Cuba and confidence in our commander in chief, Fidel.

These small gestures made us proud. They gave us strength and joy in the midst of what we were going through.

I remember one Cuban in particular, a somewhat older man, who recognized us when our paths crossed and with whom we exchanged a few words from a distance. (He was going in the opposite direction and, like us, his hands and feet were bound.) In essence he extended his support, telling us to stay strong —"*fuerte ahí*" as we Cubans say—that Fidel wouldn't abandon us. As he was being hurried along, surrounded by prison guards, he shouted, "And never forget, we don't betray our country."

The encounter, especially that phrase, left a deep impression on us, given the circumstances, the people, and the place —above all because those are the words we carry in our hearts every day of our lives.

As he was moved away, we could only shout our thanks to him from afar.

FCI Ashland, Kentucky
November 6, 2014

'Recuerden siempre, a la patria no se le traiciona'

RAMÓN LABAÑINO

En aquel período en que los cinco bajábamos juntos a la corte de Miami durante nuestro largo juicio de casi siete meses, desde el 27 de noviembre del año 2000 hasta junio de 2001, tuvimos muchos encuentros con personas que de alguna manera u otra nos expresaban su apoyo y solidaridad. Incluso nos expresaban su cariño por Cuba y por nuestro comandante en jefe, Fidel.

Eran detalles que nos llenaban de orgullo, de fuerza, de alegría en medio de todo aquel escenario.

Recuerdo en especial a un cubano, algo mayor de edad, que al cruzarse con nosotros y reconocernos, intercambió algunas palabras de lejos con nosotros (pues él iba en dirección contraria y estaba esposado también). En esencia nos dio su apoyo, que nos mantuviéramos fuertes —"¡Fuerte ahí!" como decimos los cubanos criollos— que Fidel no nos abandonaría. Y mientras se alejaba ya a toda prisa rodeado de los carceleros, nos gritó, "Y recuerden siempre, a la patria no se le traiciona".

Aquel encuentro, aquella frase sobre todo, nos impresionó profundamente dadas las circunstancias, las personas y el lugar, pero por sobre todas las cosas porque es la frase que llevamos en el centro del pecho cada día de nuestras vidas.

Después, a lo lejos y mientras se alejaba, solo pudimos gritarle las gracias.

FCI Ashland, Kentucky
6 de noviembre de 2014

The longest letter
I will ever write

RENÉ GONZÁLEZ

In September 2012 René González wrote to his wife, Olga Salanueva, recalling how and why, a dozen years earlier, he had begun composing "the longest letter I will ever write." That November 2000 letter from René to Olga is depicted in Antonio Guerrero's painting THE DIARY.

At the time González wrote the two letters below, he had completed his prison sentence of thirteen years. Under court order, however, he was still in the United States serving a three-year term of "supervised release." As throughout González's years in prison, Washington continued to deny Salanueva a visa to enter the US to see her husband. The letters were posted on the website of Cuba's Foreign Ministry.

First letter

Fourteen years have passed since that brutal September 12, 1998. By midmorning that day, after a series of lightning arrests, we were all being processed at Miami's Federal Detention Center. We were beginning to adjust to all the implications of the new reality that confronted us so abruptly—what we would have to forego, the challenges and future personal sacrifices. But even in our most pessimistic predictions, we never imagined that fourteen years later we would still be awaiting justice. We had much to learn about the capacity for cruelty of some societies and their guardians.

La carta más larga que
escribiré en mi vida

RENÉ GONZÁLEZ

En septiembre de 2012 René González escribió a su esposa, Olga Salanueva, recordando cómo y cuándo, 12 años antes, había comenzado a redactarle "la carta más larga que escribiré en mi vida". Esa carta de René a Olga, escrita en noviembre de 2000, está representada en la acuarela de Antonio Guerrero titulada EL DIARIO.

Cuando escribió las cartas que aparecen a continuación, González había completado su sentencia de 13 años de prisión. Sin embargo, bajo una orden judicial, aún permanecía en Estados Unidos cumpliendo tres años de "libertad supervisada". Al igual que durante los años cuando González estuvo preso, Washington continuó negándole una visa a Salanueva para entrar a Estados Unidos a ver a su esposo. Las cartas fueron divulgadas en el sitio web del Ministerio de Relaciones Exteriores de Cuba.

Primera carta

Han transcurrido 14 años desde aquel brutal 12 de septiembre de 1998. Para la media mañana de ese día, mientras éramos todos procesados en el Centro Federal de Detención de Miami tras una redada relámpago, nos íbamos asimilando a aquella nueva realidad que se había presentado tan de golpe con todas sus implicaciones de renuncia, retos y futuros sacrificios personales. En tales circunstancias, aun entre nuestros más pesimistas augurios, nunca se presentó el escenario de que, pasados 14 años,

When you're in solitary confinement, the first month lasts a century. The second month lasts a year. The third feels like the month it really is, and each subsequent month seems like two weeks. Time is compressed by monotony, by learning to survive, by discovering and mastering ways to outwit the carefully thought-out restrictions designed to make you despair and feel helpless. Fleeting moments of camaraderie are enjoyed to the fullest. Acts of complicity sustain you, and at times are even funny.

Then comes the battle. In the hands of judges and prosecutors, laws become an amorphous mass. Evidence becomes slippery, manipulated at the prosecutors' whim. Time with your lawyers is scarce and precious. Every inch of a pencil is treasured. Even so we prepare, discuss, and study the case. We get ready for a struggle we know is unequal but to which we'll bring the truth the prosecution is trying to conjure away. In the thick of battle, time flies. Suddenly we've gone through two years, and we're on the eve of the trial.

Then comes the blackmail: if you agree to plead guilty and give up your right to a trial, your wife can avoid deportation.

Olguita was detained by immigration authorities on August 16, 2000. After three months in prison she was deported to Cuba on November 21, just a week before the trial began. That same day I

21 de noviembre del 2000
Mi amor

Hoy comienzo la carta mas larga que

estaríamos todavía esperando por que se nos hiciera justicia. Nos faltaba mucho que aprender acerca de la capacidad de algunas sociedades y de sus celadores para el ensañamiento.

En condiciones de aislamiento solitario, el primer mes toma un siglo. El segundo un año. El tercer mes en realidad lo es, y los que siguen son quincenas. Tiempo comprimido por la monotonía, el aprendizaje de la supervivencia, el descubrimiento y dominio de los recursos con que burlar las estudiadas limitaciones de todo tipo, diseñadas para la desesperación y la impotencia. Fugaces momentos de camaradería aprovechados al máximo. Complicidades que te sostienen y a veces hasta divierten.

Luego viene el combate. Las leyes en manos de jueces y fiscales se convierten en una masa amorfa. La evidencia, esquiva, manipulada al antojo de los acusadores. El tiempo con los abogados escaso y precioso. Cada centímetro de lápiz un tesoro. Aun así nos preparamos, debatimos, estudiamos el caso. Nos aprestamos a un combate que sabemos desigual, pero al que iremos con la verdad que la fiscalía intenta escamotear al proceso. En medio del combate, el tiempo vuela. De súbito hemos cubierto dos años que nos ponen a las puertas del juicio.

Entonces el chantaje: si aceptas declararte culpable y renuncias a tu derecho a ir a juicio, tu esposa puede

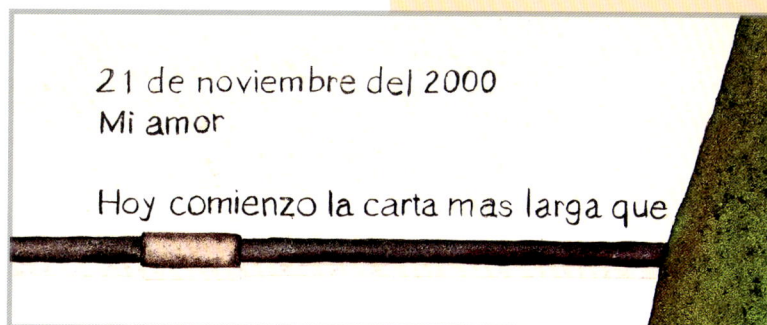

started to write her a letter that turned into a diary of the trial:

My love,

Today I'm beginning the longest letter I have written or will ever write in my life. I dedicate it to you on this day when I am overwhelmed by so many conflicting feelings. On one hand, the relief of knowing that at last you've been released from prison, that you find yourself among so many people who love and support you unconditionally, that you're no longer an instrument in this crude blackmail they fruitlessly tried to use against me.

On the other hand, the uncertainty of not knowing when I'll see you again, the emptiness that you always filled on visiting days or during court hearings, and knowing how much you wanted to be here at my side during the entire trial to give me your support and encouragement. . . .

No matter what, be happy. Don't allow yourself a pessimistic thought or an unpleasant memory. Don't let yourself be marked by some vile act that upset you. Just remember that you defeated all that, both inside and outside prison, through the strength of your character, your moral values, and your principles. Lean on those values and principles to be happy and keep up the faith.

Don't deny yourself a single moment of joy, a smile, a game with the girls, a family gathering, an outing to have some fun, a vacation you can enjoy, a camping trip, a movie, an activity at work, or any of those moments that

escapar a un proceso de deportación.

El 16 de agosto de 2000, Olguita fue detenida por las autoridades de inmigración. Tras tres meses de prisión fue deportada a Cuba el 21 de noviembre, justo una semana antes del comienzo del juicio. Ese mismo día comencé a escribirle una carta que terminó por convertirse en un diario del proceso:

Mi amor:

Hoy comienzo la carta más larga que he escrito o escribiré en mi vida. Te la dedico a ti en este día en que tantos sentimientos y sensaciones encontradas me asaltan. Por un lado, el alivio de saber que al fin saliste de tu prisión, que estás entre tanta gente que te quiere y te apoya incondicionalmente, que habrás dejado de ser un instrumento en todo este torpe chantaje que se trató de imponerme inútilmente.

Por otra parte, la incertidumbre de no saber cuándo te podré ver de nuevo, el vacío que tanto llenabas en los días de visita o en las audiencias de la corte y el saber cuánto tú querías estar aquí junto a mí durante todo este proceso para darme tu apoyo y aliento…

Sé feliz a toda costa. No te permitas un pensamiento pesimista, o un recuerdo desagradable, o la huella de una bajeza que alguna vez te hizo vivir un mal momento. Piensa que a todas esas cosas las venciste dentro y fuera de la cárcel a golpe de carácter, de moral y de principios. Apóyate en esa moral y en esos principios para ser feliz y mantener la fe en alto.

No te niegues un momento de alegría, una sonrisa, un juego con las

make life enjoyable and allow us to socialize. Any time the shadow of my situation stands in the way of one of those moments, shoo it away! It won't be my figure casting that shadow.

Fourteen years have passed since that brutal September 12, 1998. But the spirit of the Five continues and will continue to be what the words in that letter expressed.

Second letter

Some of us had never met each other at the time we were arrested. Our first contact was purely visual, through a small window in the cell door, surrounded by the silence imposed by walls, steel doors, and, yes, understandable mistrust. Only the mandatory court appearances broke up those initial days of self-reflection when each of the Five, alone with his thoughts, faced a vital personal decision. Once we were together, waiting for that first appearance before a judge that was turned into a circus, our thoughts turned to *History Will Absolve Me.*

I think it was from that moment on, as if by tacit agreement, that the words of each one of us came to represent the viewpoint of all. Because of that, I know what all of us have felt during these years of fighting for freedom. And I know my four brothers in arms can add much more in this regard.

It was always clear to us

niñas, una reunión familiar, una salida para divertirte, unas vacaciones para disfrutarlas, un campismo, una película en un cine, una actividad en tu trabajo o cada uno de esos momentos que hacen nuestra vida agradable y nos permiten socializar. Si algún día la sombra de mi situación se interpusiera para privarte de alguno de esos momentos, ¡espántala!, pues no será mi figura la que está proyectando esa sombra.

Han transcurrido 14 años desde aquel brutal 12 de septiembre de 1998. Pero el espíritu de los Cinco sigue y seguirá siendo el que transpiraban las palabras de aquella carta.

Segunda carta

Al momento de los arrestos, algunos de nosotros no éramos conocidos mutuos. Nuestro primer contacto fue puramente visual, a través de un pequeño cristal en la puerta de la celda y en medio de un silencio impuesto por muros, puertas de hierro y también —por qué no— la lógica desconfianza. Solo la obligada comparecencia en corte interrumpió aquellas primeras jornadas de introspección individual, en que cada uno de los Cinco, a solas con sus juicios, se había enfrentado a una decisión personal vital. Una vez juntos, en espera del circo en que se convertiría aquella primera vista ante un magistrado, salió a relucir de inmediato *La historia me absolverá.*

Creo que fue a partir de ese momento, como por

ANTONIO GUERRERO

THE LETTER 'P'/ LA LETRA 'P' (2013)

that the fight for justice in our case was a fight in defense of Cuba, a fight in one more trench. The trial was simply an extension of the confrontation between those who claim the prerogative to attack Cuba and those of us who believe in Cuba's right to defend itself—this time in the arena of the courts. The US prosecutors regarded both terrorism and military aggression against Cuba to be among their legitimate prerogatives. That's what the trial showed. We thought it was important to demonstrate they would have to confront an entire people who think otherwise.

They dealt with us harshly, as yet another way to punish Cuba's resistance. We were determined to make clear to them that the roots of this resistance go far beyond the Five. The spite they've shown us indicates we succeeded.

Obviously, on a personal level we share with anyone deprived of their freedom the same worries, the same desire to return home, to rejoin our people and rebuild our lives. No less important, however, is the struggle within ourselves to prevent our persecutors from planting seeds of hate or resentment. Under these conditions, the fight for our own happiness and that of our loved ones has been an important part of our battle, and the degree to which we achieve it will be a good measure of victory.

While to those who have principles it may seem deranged, the prosecutors still hope to surmount the obstacle that Gerardo's dignity represents to their efforts to indict Cuba. For us, the struggle to free the Five remains first and foremost a struggle for the defense of our country.

tácito acuerdo, que la palabra de cada uno alcanzó la representación de todos. Asumo bajo esa premisa la valoración sobre cómo sentimos estos años de lucha por la libertad, a sabiendas de que en un asunto como este, mis cuatro hermanos de causa tendrían mucho más que aportar.

Para nosotros siempre estuvo claro que la lucha por la justicia en nuestro caso era una defensa de Cuba, solo que en otra trinchera. El proceso no fue más que una extensión del enfrentamiento entre quienes se arrogan el agredir a Cuba como un privilegio y quienes defendemos su derecho a defenderse, pero esta vez en el escenario de una corte de justicia. Las sesiones del juicio evidenciaron que, para los fiscales, tanto el terrorismo como una agresión militar a la isla están entre sus legítimas prerrogativas. A nosotros nos pareció importante demostrarles que tendrían que enfrentar a todo un pueblo que piensa lo contrario.

Ellos se ensañaron en nosotros como una manera más de castigar la resistencia de Cuba. Nosotros nos propusimos demostrarles que esa resistencia tiene profundas raíces, y que va más allá de los Cinco. El encono que nos muestran indica que lo logramos.

Obviamente, en el plano personal, compartimos con cualquier persona privada de la libertad las mismas ansiedades, deseos de regresar a nuestros hogares, incorporarnos a nuestro pueblo y rehacer nuestras vidas. Por otra parte, y no menos importante, es la lucha interior por impedir que nuestros verdugos logren inocularnos la semilla del odio o del resentimiento. Luchar por nuestra felicidad y la de nuestros seres queridos

After fourteen years of despicable punishment, the possibility we could get justice is ruled out. This is a reality I believe we have accepted with the necessary decorum. Nonetheless, they still want to put Cuba on trial through us.

The day reason prevails at last and, by whatever means, our absurd punishment

en estas circunstancias ha sido parte importante del combate, y conseguirlo será una buena medida de la victoria.

Aunque desde una perspectiva de principios parezca enajenado, ellos aun esperan superar el obstáculo que representa la dignidad de Gerardo para justificar una acusación formal contra Cuba. Para nosotros, la lucha por la

Fidel Castro delivering his famous defense speech "History Will Absolve Me" at the close of the trial where he and thirty-one others were sentenced to prison terms of up to fifteen years for the July 26, 1953, assault on the Moncada army garrison in Santiago de Cuba. The goals and values proclaimed in that speech became the founding program of the revolutionary struggle that culminated in the January 1959 defeat of the US-backed dictatorship of Fulgencio Batista and opened the door to Cuba's socialist revolution. The drawing by H. Maza was first published in 1964 in a supplement to the Havana daily REVOLUCIÓN.

Fidel Castro pronuncia su famoso discurso de autodefensa "La historia me absolverá" al final del juicio donde él y otros 31 revolucionarios recibieron sentencias de hasta 15 años de cárcel por el asalto al cuartel Moncada del 26 de julio de 1953 en Santiago de Cuba. Los objetivos y valores proclamados en ese discurso se convirtieron en el programa fundador de la lucha revolucionaria que culminó en la derrota en enero de 1959 de la dictadura de Fulgencio Batista respaldada por Washington y abrió la puerta a la revolución socialista en Cuba. Este dibujo de H. Maza apareció originalmente en 1964 en un suplemento del diario habanero REVOLUCIÓN.

comes to an end, the US government, even without saying so, will be conceding its biggest defeat: they could not take from us the moral high ground to judge Cuba.

Knowing that justice is impossible, our release from prison will be one more vindication of Cuba.

liberación de los Cinco sigue pasando en primer plano por la defensa de la patria.

Después de 14 años de vil castigo, ha quedado atrás la posibilidad de que a nosotros se nos haga justicia. Es una realidad que hemos asimilado, creo que con suficiente decoro. A Cuba, en cambio, aun se le quiere juzgar en nosotros.

Cuando se imponga la razón y se ponga fin a nuestro absurdo castigo, por las vías que sea, aun sin declararlo el gobierno norteamericano estará concediendo su principal derrota: no haber alcanzado el suficiente plano moral, a pesar de todos sus esfuerzos, para juzgar a Cuba.

Nuestra libertad, entonces, descontado un acto de imposible justicia, será también otra vindicación de Cuba.

I have nothing to regret

GERARDO HERNÁNDEZ

In René González's September 2012 letter included in this book, he refers to the obstacle that Gerardo Hernández's dignity represents for those who seek to indict the Cuban Revolution. In April 2009, from the Victorville federal penitentiary in California, Hernández gave documentary filmmaker Saul Landau an interview. Conducted by phone, it covered a wide range of topics, from Hernández's experience as a volunteer combatant in Angola, defending that newly independent country against the South African white supremacist regime, to the aims and character of the internationalist mission of the Five in the United States, to conditions they've faced in prison.

The interview was published in full in Spanish and English in the Miami-based online magazine PROGRESO SEMANAL/WEEKLY and in the internationally circulated MILITANT newsweekly. The excerpt below recounts Hernández's stance in face of the US government's efforts to blackmail the five revolutionaries into turning traitor and "cooperating" with the prosecution in exchange for lesser sentences.

SAUL LANDAU: Did you talk to the prosecutors?

GERARDO HERNÁNDEZ: No. Everything was done through our lawyers. When I first talked with the lawyer, he raised the possibility of cooperating with the investigation, cooperating with the government. I don't know if he was presenting the prosecutor's idea or not. I told him that if he wanted to continue being my attorney, we should not discuss that question ever again. And he never talked to me about it again. Although later there were the so-called plea

No tengo nada de qué arrepentirme

GERARDO HERNÁNDEZ

En la carta que René González escribió en septiembre de 2012 y que aparece en este libro, se refiere al obstáculo que la dignidad de Gerardo Hernández representa para los que pretenden juzgar a la Revolución Cubana. En abril de 2009, desde la penitenciaría federal de Victorville en California, Hernández le concedió al documentalista Saul Landau una entrevista telefónica. Esta cubrió una amplia gama de temas, desde su experiencia como combatiente voluntario en Angola, defendiendo ese país recién independizado contra el régimen supremacista blanco de Sudáfrica, hasta el carácter de la misión internacionalista de los Cinco en Estados Unidos y las condiciones que han enfrentado en la prisión.

La entrevista se publicó íntegramente en español e inglés en PROGRESO SEMANAL/WEEKLY, revista digital basada en Miami, y en el MILITANTE, semanario de circulación internacional. El fragmento a continuación relata la postura que tomó Hernández frente a los intentos del gobierno norteamericano de chantajear a los cinco revolucionarios para que traicionaran y "cooperaran" con la fiscalía a cambio de sentencias menos severas.

SAUL LANDAU: ¿Usted habló con los fiscales?

GERARDO HERNÁNDEZ: No, todo se realiza a través de los abogados. Al principio tuve una conversación con el abogado. Él nos plantea la posibilidad de cooperar con la investigación, que cooperara con el gobierno. No sé si eso fue una idea de la fiscalía a través de él. Yo le dije que si él aspiraba a seguir siendo mi abogado, ese era un tema que no

agreements that were offered to get us to plead guilty and cooperate. We rejected them all. But we never had direct contact with the prosecution.

LANDAU: Did it ever occur to you to become a traitor to escape the nightmare you've described?

HERNÁNDEZ: Look, we've been in prison more than ten years. Some people who know about this case say to me, "Cuba must have paid you a ton of money to do this!" I always laugh and say, "If I'd done what I did for money, I wouldn't be here." Because when you work for money, you go with the highest bidder. And Cuba could never possibly pay what this country can. If I had accepted their offer, I would have saved myself ten years behind bars without seeing my wife. A lot of people don't understand this—they've been brought up to think money is everything in life.

No, betraying never crossed my mind. It's so obvious that it's difficult for me to explain. Not only would it mean betraying myself as a person, as a revolutionary, but betraying an entire country, including my family. It would mean betraying all the Cubans who in the course of a hundred some years of revolution, since the first independence war in 1868, have given their lives so Cuba could be free, independent, and sovereign.

From the very start I had no doubt. What I was doing was not wrong. I'm sorry I had to break some laws, but it was absolutely necessary for a greater good. I have nothing to regret.

debíamos tocar nunca más, y él no volvió a hablarme de eso. Pero más adelante sí hubo los llamados "*plea agreements*" que se ofrecieron para que uno se declarara culpable y cooperara. En nuestros casos todo fue rechazado. Pero no tuvimos contacto directo con la fiscalía.

LANDAU: ¿Nunca se le ocurrió traicionar para escapar de la pesadilla que nos cuenta?

HERNÁNDEZ: Mire, ya son más de 10 años que llevamos en la prisión. Muchas personas que conocen el caso me dicen, "Cuba debe haberte pagado mucho dinero para que hicieras esto". Yo siempre me río y digo, "Si lo hubiera hecho por dinero, no estaría aquí." Porque cuando uno trabaja por dinero, lo hace para el que pague mejor. Y Cuba jamás en la vida podría pagar lo que puede pagar este país. Si hubiera aceptado la oferta de ellos, me hubiera ahorrado 10 años de mi vida en prisión sin ver a mi esposa. Muchas personas no entienden eso, personas que se han criado con la idea de que el dinero es todo en la vida.

La idea de traicionar nunca me pasó por la mente. Es tan obvio que hasta me cuesta trabajo explicarlo. Sería traicionar no solo a mí mismo como persona, como revolucionario, sino traicionar a un país completo, a mi familia. Sería traicionar a todos los cubanos que en ciento y tantos años de revolución, desde la primera guerra independentista de Cuba en 1868, han dado sus vidas porque ese país sea libre, sea independiente y conserve su soberanía.

Yo estaba bien claro desde el primer momento que lo que yo hacía no estaba mal hecho. Me apena haber violado algunas leyes, pero fue por lograr un bien mayor y por absoluta necesidad. Así que no tengo nada de qué arrepentirme.

Gerardo's humor and strength were always there

Published in Havana in 2002, EL AMOR Y EL HUMOR TODO LO PUEDEN (Love and humor conquer all) reprints cartoons drawn by Gerardo Hernández both in the 1980s when he was a student in Cuba and during his imprisonment in the United States. The following tributes to Hernández by his four imprisoned comrades also first appeared in its pages, along with others by former classmates and fellow cartoonists in Cuba.

Gerardo is a loyal brother. He is the comrade-in-struggle you most want to have at your side, one who is capable, in difficult moments, of making decisions that are complex but always correct. In equal measure, he is also a good friend, ready to make you laugh

Allí ha estado siempre el humor y valor de Gerardo

Publicado en La Habana en 2002, EL AMOR Y EL HUMOR TODO LO PUEDEN reproduce caricaturas de Gerardo Hernández dibujadas durante la década de 1980 cuando era estudiante en Cuba y también mientras estaba preso en Estados Unidos. En las páginas del libro también aparecieron los siguientes homenajes a Hernández de sus cuatro compañeros presos, junto con mensajes de antiguos compañeros de clase y de otros caricaturistas cubanos.

Gerardo es el hermano fiel, el ideal de compañero de lucha, de los momentos difíciles y las decisiones complejas pero siempre certeras. Y así, con equilibrio idóneo, es también el buen amigo presto a deshojar sonrisas con sus ocurrencias, chistes y caricaturas. En él está la

JUDGE: Good morning, counsel. Please introduce yourselves . . .
PROSECUTOR: Good morning, Madam Judge. Caroline Heck-Miller, representing Mr. Basulto, Alpha-66, Comandos F-4, and any other well-intentioned and misunderstood terrorist in Miami . . .

with his witty observations, jokes, and cartoons. He has the natural sensitivity of an artist who captures with skillful quickness the satirical and humorous angles of life—even under the worst circumstances.

During the most difficult times in prison, including the harsh isolation of those seventeen months in the hole, Gerardo's cartoons brought us the laughter and joy so essential to fighting and winning.

Thanks to you, brother, these days of unjust imprisonment have been more cheerful, easier. May this book serve as homage to your decency, to the brotherhood of five revolutionaries, and to the fun-loving but always deeply rooted spirit of the Cuban people you also depict in your cartoons.

Ramón Labañino
USP Beaumont, Texas
August 12, 2002

sensibilidad natural del artista, que capta con delicada presteza el ángulo siempre satírico y jocoso de la vida, aún en las peores circunstancias.

En los tiempos difíciles de prisión, en el aislamiento duro de aquellos 17 meses en el hueco, la caricatura de Gerardo nos trajo la sonrisa y la alegría tan necesarias para luchar y vencer.

Gracias a ti, hermano, estos días de injusta cárcel siempre han sido más joviales y apacibles. Sea este libro un homenaje a tu bondad, a la hermandad de cinco revolucionarios y al carácter jocoso pero siempre profundo del pueblo cubano que también tú representas en tus caricaturas.

Ramón Labañino
USP Beaumont, Texas
12 de agosto de 2002

Gerardo,
The spark of your humor,
so agile, spontaneous, and *Cuban*,
will multiply that reflexive smile
with which you show us that
under conditions of harsh punishment
spite can be repaid
with humor.
Your brother

René González
FCI McKean
Bradford, Pennsylvania
August 13, 2002

Gerardo:
La chispa de tu humorismo ágil,
espontáneo y *cubano*,
hará multiplicar la sonrisa reflexiva
con que nos demostraras,
bajo enconado castigo,
que rencor con humor
se paga, tu hermano

René González
FCI McKean
Bradford, Pennsylvania
13 de agosto de 2002

Hello dialectics!

Among all the things Gerardo has taught us, he has demonstrated his breadth of mind and contempt for schemas and preconceived notions. His concept of a "storage cabinet" denies the bounds of convention or age-old practices.

Like many things in life, it's restricted neither by schemas nor traditions.

In a cell, his own cabinet is nothing less than the entire physical space that surrounds him.

At the Detention Center in Miami, I had the honor to share a cell with Gerardo for more than a year and a half, and I came to realize you have to give an artist some room. That's one of the ways he expresses himself, I think. Without that he'd be someone else, not Gerardo.

Fernando González
FCI Oxford, Wisconsin
October 2002

¡Bienvenida la dialéctica!

Entre tantas cosas que nos ha enseñado, Gerardo nos ha demostrado su amplitud de mente y su desprecio por los esquemas y las ideas preconcebidas. Su concepto de "escaparate" se niega a estar limitado por convencionalismo alguno o prácticas milenarias.

Como muchas cosas en la vida, no cae en esquemas ni tradiciones.

En la celda, su escaparate es todo el ambiente físico que lo rodea.

Tuve el honor de compartir la celda con Gerardo en el Centro de Detención de Miami durante algo más de un año y medio, y llegué a la conclusión de que al artista hay que dejarlo tranquilo. Yo creo que esa es una de sus formas de expresión. Sin ella sería otro, pero no Gerardo.

Fernando González
FCI Oxford, Wisconsin
octubre de 2002

During the most difficult times, there was always his humor and his strength. I've often thought about how much our brother Gerardo's cartoons have helped us resist and overcome. Their emblem is: confidence in victory.

Tony Guerrero
USP Florence, Colorado
October 2002

¡CLARO QUE CUBA DUELE!

GERARDO HERNÁNDEZ (2003)

Cuba sure hurts!

En los momentos más difíciles, allí ha estado su humor y su valor. Muchas veces he pensado cuánto nos han ayudado las caricaturas de nuestro hermano Gerardo para resistir y vencer. Ellas tienen un símbolo: convicción en la victoria.

Tony Guerrero
USP Florence, Colorado
octubre de 2002

'Defendants' convictions should be reversed'

FROM OPINIONS OF
US APPEALS COURT JUDGES

A 'perfect storm' of prejudice and improper prosecution arguments
August 2005

"Despite the district court's numerous efforts to ensure an impartial jury in this case, we find that empaneling such a jury in this community was an unreasonable probability because of pervasive community prejudice. . . .

"The government's arguments regarding the evils of Cuba and Cuba's threat to the sanctity of American life only served to add fuel to the inflamed community passions. . . .

"A new trial was mandated by the perfect storm created when the surge of pervasive community sentiment, and extensive publicity both before and during the trial, merged with the improper prosecutorial references."

—from unanimous 2005 ruling by justices Stanley Birch, Phyllis Kravitch, and James Oakes, three-judge panel of US 11th Circuit Court of Appeals in Atlanta reversing convictions and ordering new trial

'Las condenas deben ser anuladas'

DE LAS OPINIONES DE
JUECES DE LA CORTE FEDERAL

Una 'tormenta perfecta' de prejuicio y argumentos inapropiados de fiscales
agosto de 2005

"Pese a los numerosos intentos de la corte de distrito de asegurar un jurado imparcial en este caso, concluimos que era poco probable poder constituir dicho jurado en esta comunidad por el prejuicio generalizado en la comunidad…

"Los argumentos del gobierno sobre los males de Cuba y la amenaza de Cuba a la santidad de la vida americana solo echó leña al fuego de las pasiones encendidas de la comunidad…

"Un nuevo juicio se hizo necesario por la tormenta perfecta creada cuando la oleada de sentimientos generalizados de la comunidad, y la extensa publicidad antes y durante el juicio, se combinaron con las declaraciones inapropiadas de la fiscalía".

—del fallo unánime en 2005 de jueces Stanley Birch, Phyllis Kravitch y James Oakes, panel de 3 jueces del 11º Circuito de la Corte de Apelaciones en Atlanta, que revocó condenas y ordenó un nuevo juicio

An 'exceptional case' warranting change of venue and new trial
August 2006

"This case is one of those rare, exceptional cases that warrants a change of venue because of pervasive community prejudice making it impossible to empanel an unbiased jury. . . . The defendants' convictions should be reversed and the case should be remanded for a new trial."

> —from dissent by Birch and Kravitch to 2006 decision of 12-member US appeals court reversing 2005 ruling and upholding convictions

Reverse 'conviction and sentence' of Hernández on murder conspiracy
June 2008

"The government failed to present evidence sufficient to prove beyond a reasonable doubt that Hernández agreed to participate in a conspiracy, the object of which was to shoot down BTTR [Brothers to the Rescue] planes over international airspace. . . .

"I would reverse the conviction and sentence with regard to Count 3, conspiring to commit murder."

> —from Kravitch dissent to 2008 appeals panel ruling upholding verdicts but overturning sentences of Labañino, Guerrero, and Fernando González

Un 'caso excepcional' que justifica cambio de sede y nuevo juicio
agosto de 2006

"Este es uno de los casos inusuales y excepcionales que justifican un cambio de sede por los prejuicios generalizados de la comunidad que hacen imposible constituir un jurado imparcial... Las condenas de los acusados deben ser revocadas y el caso remitido a un nuevo juicio".

> —de la opinión discrepante de Birch y Kravitch en el fallo en 2006 de la corte federal de apelaciones, con 12 miembros, que revocó decisión de 2005 y reafirmó condenas

Revocar 'condena y sentencia' de Hernández por conspiración de asesinato
junio de 2008

"El gobierno no ofreció pruebas suficientes para demostrar, más allá de una duda razonable, que Hernández acordó participar en una conspiración cuyo objetivo era derribar aviones de Hermanos al Rescate en el espacio aéreo internacional...

"Yo revocaría la declaración de culpabilidad y la sentencia respecto al Cargo 3: conspiración para cometer asesinato".

> —de la opinión discrepante de Kravitch en el fallo en 2008 del panel de apelaciones que reafirmó veredictos pero revocó sentencias de Labañino, Guerrero y Fernando González

"We know that right is on our side, but to win we need a jury of millions throughout the world to make our truth known."

GERARDO HERNÁNDEZ

"Sabemos que la razón está de nuestra parte, pero para ganar necesitamos un jurado de millones de personas en todo el mundo para dar a conocer nuestra verdad".

THE CUBAN FIVE
Why they should be free

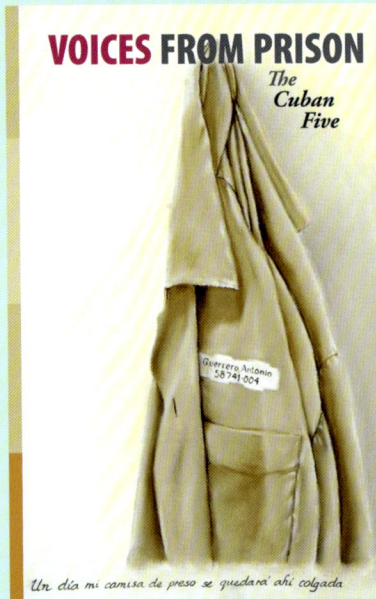

Voices from Prison
The Cuban Five

The unbending dignity and integrity of the Cuban revolutionaries serving draconian US prison sentences have won admiration and respect from millions the world over. Here three fellow prisoners pay tribute to the Five's example, as does Puerto Rican independence leader Rafael Cancel Miranda, who himself spent more than 27 years behind bars in the US. Includes prison accounts by Ramón Labañino and Gerardo Hernández. $7. Also in Spanish, French, Arabic, and Farsi.

"I Will Die the Way I've Lived"
15 watercolors by Antonio Guerrero on the
15th anniversary of the imprisonment of the Cuban Five

Guerrero's paintings portray 17 months the Five spent in the "hole" at the Miami Federal Detention Center after their 1998 arrests on frame-up charges. The watercolors—with text by Guerrero, Gerardo Hernández, and Ramón Labañino—strike a chord with working people in the US and beyond, millions of whom know from their own experience how the capitalist "justice" system works. $7. Also in Spanish, French, and Farsi.

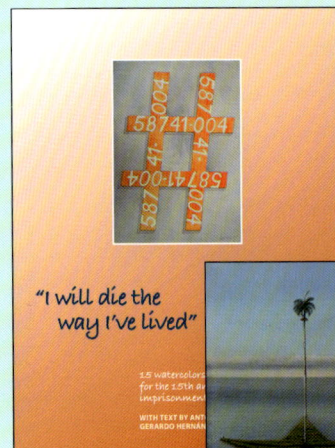

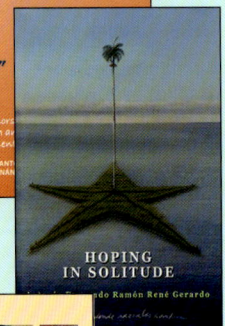

Hoping in Solitude

Poetry, essays, paintings, and music by prominent Cuban artists in tribute to the Five. Plus the statements by each of the Five at their sentencing and at appeal hearings five years into their terms. Published by Editorial Capitán San Luis (Havana). $25. Also in Spanish.

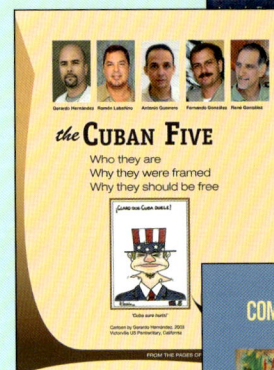

The Cuban Five
Who They Are, Why They Were Framed, Why They Should Be Free

Articles from the socialist newsweekly, the *Militant*, with the truth about the Five and the worldwide fight to win their freedom. $5. Also in Spanish, French, and Farsi.

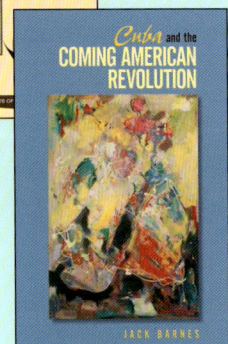

Cuba and the Coming American Revolution
Jack Barnes

The mass proletarian struggle for Black rights in the US advanced side by side in the 1960s with the deepening Cuban Revolution. A generation of youth learned firsthand that revolutionary struggle is not only necessary—it can be victorious. $10. Also in Spanish, French, and Farsi.

CUBA AND THE WORLD

Four books recount Cuba's internationalist missions in Africa since the 1960s—from fighting alongside anti-imperialist forces in the Congo and Angola, to the example set by Cuban doctors and nurses in the world today.

Cuba and Angola
Fighting for Africa's Freedom and Our Own
Fidel Castro, Raúl Castro, Gabriel García Márquez
> The 16-year battle by Cuban, Angolan, and Namibian fighters that in 1988 dealt a crushing blow to South Africa's apartheid regime. With accounts by three of the Cuban Five about their missions in Angola. $12. Also in Spanish.

How Far We Slaves Have Come!
South Africa and Cuba in Today's World
Nelson Mandela, Fidel Castro
> Nelson Mandela pays tribute to Cuba's contribution to the Angola victory and how it accelerated the mass struggle that in 1991 brought down South Africa's white supremacist regime. $10. Also in Spanish and Farsi.

From the Escambray to the Congo
In the Whirlwind of the Cuban Revolution
Víctor Dreke
> How the Cuban Revolution was made and why its support to anti-imperialist struggles in Africa is unshakable. As told by a leader of the revolution and of its internationalist missions in Congo and Guinea-Bissau. $18. Also in Spanish.

Capitalism and the Transformation of Africa
Reports from Equatorial Guinea
Mary-Alice Waters, Martín Koppel
> The work of Cuba's volunteer medical brigades in this Central African nation, where both a capitalist class and working class are beginning to emerge, shows that the response of Cuban doctors and nurses to the Ebola crisis in Africa is a continuation of the revolution's proletarian internationalist course from its beginnings. $10. Also in Spanish and Farsi.

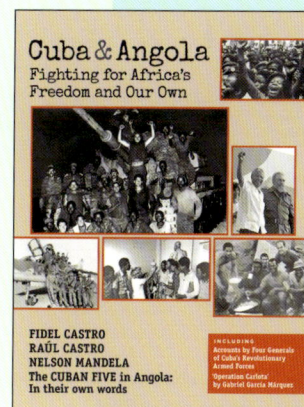

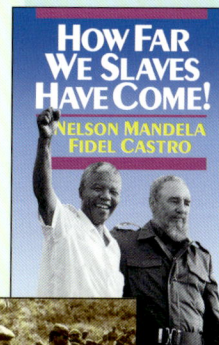

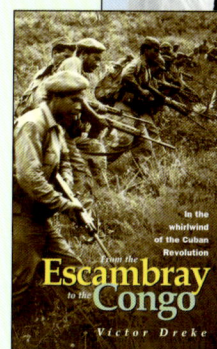

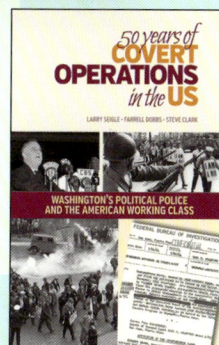

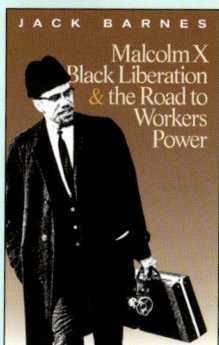

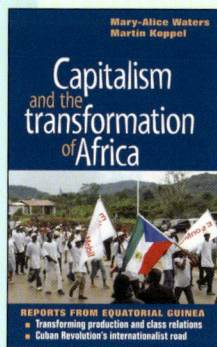

50 Years of Covert Operations in the US
Washington's Political Police and the American Working Class
Larry Seigle, Farrell Dobbs, Steve Clark
> The decades-long fight against expansion of presidential powers and repressive "national security" state apparatus needed by the US capitalist class to maintain its rule—at home and abroad. $12. Also in Spanish.

Malcolm X, Black Liberation, and the Road to Workers Power
Jack Barnes
> Why the revolutionary conquest of workers power makes possible the final battle for Black freedom—and opens the way to a world based not on exploitation and racism but human solidarity. A socialist world. $20. Also in Spanish, French, Arabic, and Farsi.

www.pathfinderpress.com

LOS CINCO CUBANOS
Por qué deben ser liberados

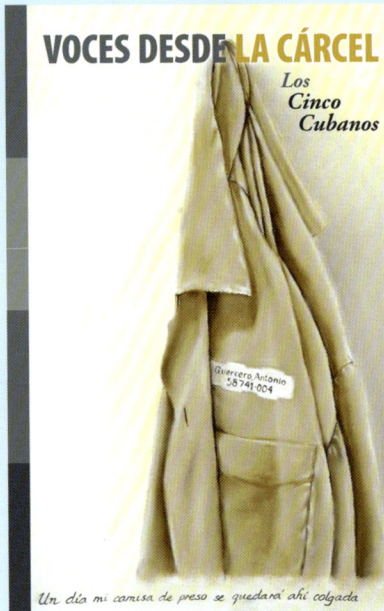

Voces desde la cárcel

Los Cinco Cubanos

La inquebrantable dignidad y entereza de los revolucionarios cubanos que hoy cumplen sentencias draconianas en prisiones estadounidenses les ha ganado la admiración y el respeto de millones de personas en el mundo. En estas páginas, tres compañeros de cárcel rinden homenaje al ejemplo de los Cinco, como lo hace el independentista puertorriqueño Rafael Cancel Miranda, quien pasó más de 27 años en prisiones norteamericanas. Incluye relatos desde la prisión de Ramón Labañino y Gerardo Hernández. US$7. También en inglés, francés, árabe y persa.

Yo me muero como viví
15 acuarelas de Antonio Guerrero en el
15 aniversario del encarcelamiento de los Cinco Cubanos

Las pinturas de Guerrero representan los 17 meses que los Cinco estuvieron en el "hueco" en el Centro Federal de Detención de Miami tras su arresto en 1998 bajo cargos amañados. Las acuarelas, con textos de Guerrero, Gerardo Hernández y Ramón Labañino, tocan una fibra sensible entre trabajadores en Estados Unidos y otros países, millones de los cuales conocen por experiencia propia cómo funciona el sistema de "justicia" capitalista. US$7. También en inglés, francés y persa.

Desde la soledad y la esperanza

Poemas, ensayos, pinturas y música de destacados artistas cubanos en honor a los Cinco. Incluye las declaraciones de cada uno de los Cinco al ser sentenciados y en audiencias de apelación tras cinco años de prisión. Publicado por la Editorial Capitán San Luis (La Habana). US$25. También en inglés.

Los Cinco Cubanos
Quiénes son, por qué les fabricaron un caso, por qué deben ser liberados

Artículos del periódico socialista *El Militante* con la verdad sobre los Cinco y la lucha mundial por su libertad. US$5. También en inglés, francés y persa.

Cuba y la revolución norteamericana que viene
Jack Barnes

La lucha proletaria de masas por los derechos de los negros en Estados Unidos avanzó en los años 60 a la par de la profundización de la Revolución Cubana. Una generación de jóvenes aprendió de primera mano que una lucha revolucionaria no solo es necesaria: puede ser victoriosa. US$10. También en inglés, francés y persa.

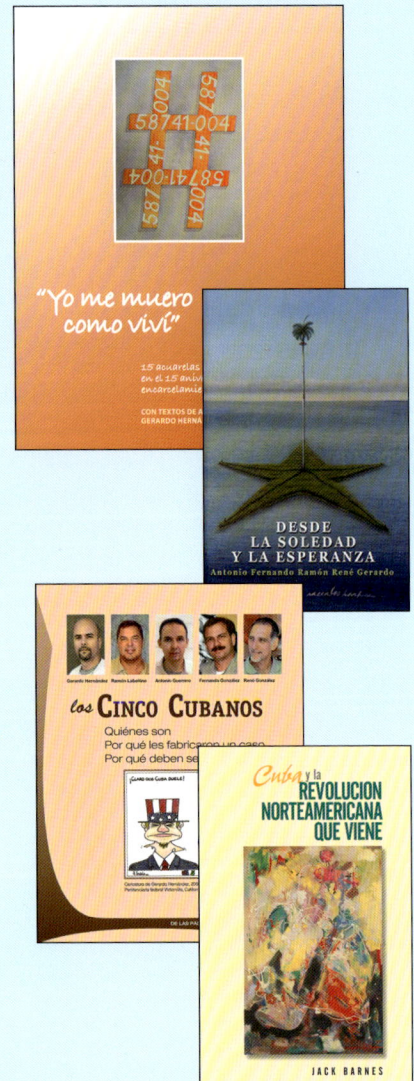

CUBA Y EL MUNDO

Cuatro libros relatan las misiones internacionalistas de Cuba en África desde los años 60: desde la lucha junto a las fuerzas antiimperialistas en el Congo y Angola hasta el ejemplo sentado hoy por los médicos y enfermeros cubanos en el mundo.

Cuba y Angola
Luchando por la libertad de África y la nuestra
Fidel Castro, Raúl Castro, Gabriel García Márquez

Sobre la batalla que combatientes cubanos, angolanos y namibios libraron por 16 años y que en 1988 le asestó un golpe aplastante al régimen del apartheid de Sudáfrica. Incluye relatos de tres de los Cinco Cubanos sobre sus misiones en Angola. US$12. También en inglés.

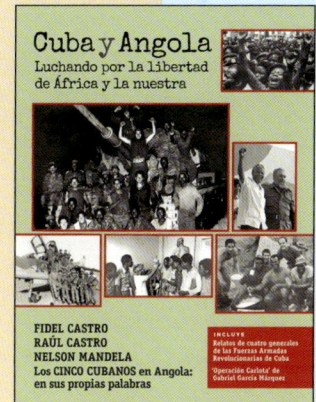

¡Qué lejos hemos llegado los esclavos!
Sudáfrica y Cuba en el mundo de hoy
Nelson Mandela, Fidel Castro

Nelson Mandela rinde homenaje al aporte de Cuba a la victoria angolana y cómo aceleró la lucha de masas que en 1991 tumbó al régimen supremacista blanco de Sudáfrica. US$10. También en inglés y persa.

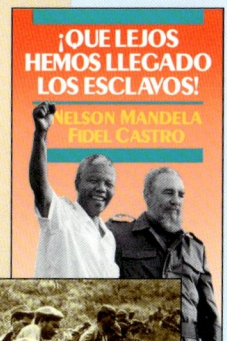

De la sierra del Escambray al Congo
En la vorágine de la Revolución Cubana
Víctor Dreke

Cómo se hizo la Revolución Cubana y por qué es inquebrantable su apoyo a las luchas antiimperialistas en África. Relatado por un dirigente de la revolución y sus misiones internacionalistas en el Congo y Guinea-Bissau. US$18. También en inglés.

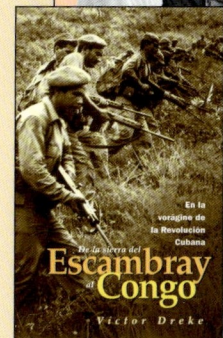

El capitalismo y la transformación de África
Reportajes desde Guinea Ecuatorial
Mary-Alice Waters, Martín Koppel

El trabajo de las brigadas médicas voluntarias de Cuba en esta nación de África central, donde comienzan a surgir tanto una clase capitalista como una clase trabajadora, muestra que la respuesta de los médicos y enfermeros cubanos a la crisis del ébola hoy en África continúa el curso internacionalista proletario de la revolución desde el principio. US$10. También en inglés y persa.

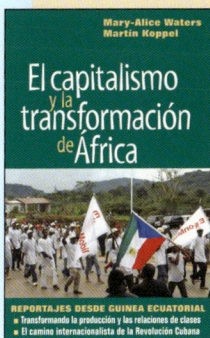

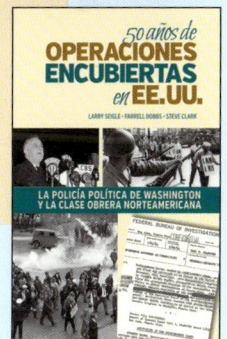

50 años de operaciones encubiertas en EE.UU.
La policía política de Washington y la clase obrera norteamericana
Larry Seigle, Farrell Dobbs, Steve Clark

La lucha que se ha librado durante décadas contra la ampliación de los poderes presidenciales y del aparato estatal represivo de "seguridad nacional" que la clase capitalista norteamericana necesita para mantener su dominio, tanto en el país como en el exterior. US$12. También en inglés.

Malcolm X, la liberación de los negros y el camino al poder obrero
Jack Barnes

Explica por qué la conquista revolucionaria del poder obrero hace posible la batalla final por la libertad de los negros, y abre paso a un mundo que esté basado no en la explotación y el racismo sino en la solidaridad humana. Un mundo socialista. US$20. También en inglés, francés, árabe y persa.

www.pathfinderpress.com

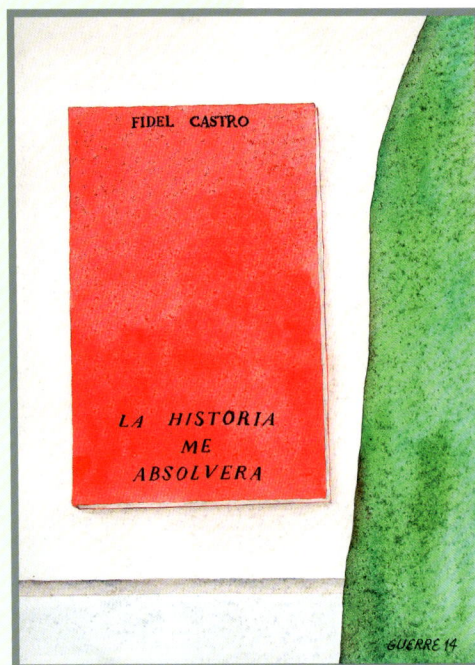

FIDEL CASTRO

LA HISTORIA
ME
ABSOLVERA

GUERRE 14

FOR MORE INFORMATION

www.thecuban5.org
International Committee for the
Freedom of the Cuban Five

www.freethefive.org
National Committee to Free
the Cuban Five

www.antiterroristas.cu

PARA MÁS INFORMACIÓN

www.thecuban5.org
Comité Internacional por la Liberación
de los Cinco Cubanos

www.freethefive.org
Comité Nacional por la Libertad de
los Cinco Cubanos

www.antiterroristas.cu